מסורה

ArtScroll® Halachah Series

Rabbi Nosson Scherman / Rabbi Meir Zlotowitz

General Editors

Published by
ARTSCROLL®
Mesorah Publications, ltd

HALACHIC HANDBOOK

The Laws of the Succah and Four Species

Rabbi Yitzchak Rosedale
Edited by Rabbi Shmuel Felder

FIRST EDITION
First Impression — July 2016

Published and Distributed by
MESORAH PUBLICATIONS, Ltd.
4401 Second Avenue
Brooklyn, New York 11232

Distributed in Europe by
LEHMANNS
Unit E, Viking Business Park
Rolling Mill Road
Jarrow, Tyne & Wear NE32 3DP
England

Distributed in Australia & New Zealand by
GOLDS WORLD OF JUDAICA
3-13 William Street
Balaclava, Melbourne 3183
Victoria Australia

Distributed in Israel by
SIFRIATI / A. GITLER — BOOKS
6 Hayarkon Street
Bnei Brak 51127
Africa

Distributed in South Africa by
KOLLEL BOOKSHOP
Northfield Centre, 17 Northfield Avenue
Glenhazel 2192, Johannesburg, South

THE ARTSCROLL© MESORAH SERIES
Halachic Handbook — The Laws of the Succah and the Four Species

4401 Second Avenue / Brooklyn, N.Y. 11232 / (718) 921-9000 / www.artscroll.com

---

ISBN 10: 1-4226-1751-3 / ISBN 13: 978-1-4226-1751-9

Typography by CompuScribe at ArtScroll Studios, Ltd.

Printed in Canada

This sefer is dedicated with love
in memory of our dearest brother

YEHUDAH LEIB

BEN MEIR & ESTHER OLANOFF

נפטר לעולמו
ח"י אדר שני תשע"ו

His heart was wider than the ocean,
he was a kind and gentle soul,
he will be forever missed

His Brothers,

YAACOV, AVRAHAM AND YITZCHAK ROSEDALE

&

THE ROSEDALE-WILHEIM FAMILY

בס"ד

שמואל יצחק פעלדער
דיין ומו"ץ בית מדרש גבוה
ליקוואוד נו .דז.

RABBI SHMUEL FELDER
BETH MEDRASH GOVOHA
LAKEWOOD N.J

ערב ר"ח אדר ב' ה'תשע"ו

הנה הובא לפני פרי עמלו של האברך החשוב הרב יצחק שמחה רוזדאל שליט"א, קונטרס בהלכות סוכה וד' מינים, אשר עמל ויגע בו רבות, והעלה בידו מרגניתא טבא, הלכה פסוקה וברורה בעניינים אלו, אשר התועלת בה מרובה מאוד, ובודאי יהנו ממנו רבים בעזרת ה' יתברך.

הרב הנ"ל קיבץ כעמיר גורנה בלשון צח וקצר את ההלכות לשאלות המצויות לימים האלו הבאים עלינו לטובה, כדי שיהיה דבר השוה לכל נפש, וחיבר את ספרו בשפה המדוברת והשגורה במדינה זו.

מאד שמחתי להשתתף עם הרב הנ"ל, לעבור על כל הלכה והלכה בספר, ולעמוד על דקדוק ההלכה. ובסייעתא דשמיא יצא מתחת ידו דבר נאה ומתוקן בעזה"י.

וכבר איתמחי גברא בין כותלי בית המדרש בחוברת הנפלאה על הלכות פורים, אשר גם עליה עברתי ותקנתי ונהניתי מאוד מדבריו. ועתה הניף הרב הנ"ל ידו פעם שנית, וכמעשהו בראשונה כך מעשהו בשניה, ושמחתי מאוד על חוברת נוספת במהדורא זו לאחר שהחיבור הראשון הצליח בסייעתא דשמיא, ונתקבל בברכה.

וזאת מלבד ספריו החשובים שאיתבדרו בבי מדרשא, 'שבילי השלחן' על הלכות מקואות ועל הלכות נדה אשר נדפסו בכמה מהדורות, ולאחרונה יצא לאור גם ספרו על הלכות בשר בחלב.

ואסיים בברכה, שיזכה הרב הנ"ל להמשיך להפיץ מעיינותיו חוצה, כדי שידריך את הרבים בדרך אשר ילכו בה.

הכותב וחותם

למען התורה לומדיה ועמליה

שמואל יצחק פעלדער

TABLE OF CONTENTS

CHAPTER FOUR: The First Night of Succos

CHAPTER FIVE: Who Is Obligated in Succah

CHAPTER SIX: Using Succah Materials on Succos

CHAPTER SEVEN: Building a Succah

PUBLISHER'S PREFACE

We are pleased to publish this halachah handbook on the laws of the succah and the Four Speices. Concise, correct, and convenient, this work will be a useful guide to people who wish to adhere to the Shulchan Aruch during a festival that is busy and hectic, yet do not have the time to study the many chapters of these halachos or to consult their rav when questions arise. **Rabbi Yitzchak Rosedale** is known to our readers from his popular and authoritative Halachic Handbook on Purim.

Rabbi Rosedale, currently in his native Cincinnati, headed a halachah *chaburah* in Yeshivas Mir of Jerusalem for two years, and then established and led Kollel Halachah v'Hora'ah in the Holy City for several years. He has also authored three halachah works in Hebrew, published by Mechon Yerushalayim.

The author bridges two worlds: the intensity of the Jerusalem yeshivah world and the practical needs of American families that uphold the halachah in often difficult surroundings. There is no doubt that countless people will find this volume to be of inestimable assistance as they prepare for and observe Succos, just as they benefited on his previous volume on Purim.

The Rosedale-Wilheim family is the backbone of the growing Torah community in Cincinnati. Thanks to them there is a vibrant Kollel and a thriving day school. Such people embody Hashem's guarantee that Torah will never be forgotten from the Jewish people. Even in a century and in a place where Torah Judaism seemed to have no future, people like the Rosedales and Wilheims come to the fore and respond to Moses' call: *"Mi Lashem eilei,* Whoever is for Hashem, let him join me." In the Wilderness, the Levites stepped forward. In the American heartland, the Rosedale-Wilheim family responded. It is an honor, therefore, to be associated with Rabbi Rosedale, a scion of this distinguished family, through the publication of this handbook.

We are grateful to **Rabbi Shmuel Felder,** a noted *posek* in Lakewood, New Jersey, who reviewed all the halachos. **Rabbi Naftali Leshkowitz** made important comments and suggestions as did **Rabbi Avrohom Biderman**, who worked hand in hand with the author to prepare this volume for publication. **Mrs. Felice Eisner** made editorial suggestions and proofread, and **Mrs. Devorah Cohen** paginated. We are grateful to them all.

Rabbi Meir Zlotowitz / Rabbi Nosson Scherman
Tammuz, 5776 / July, 2016

INTRODUCTION

It is with great joy that we present the second volume of the Halachic Handbook series on the halachos of the Succah & Arba Minim. This volume covers three primary topics: the halachos of building a succah, dwelling in a succah, and fulfilling the mitzvah of Arba Minim.

Admittedly, it was a daunting task to try and condense this multitude of halachos into a short, concise handbook. However, with great *siyata d'Shmaya* and the assistance of a wonderful team, we have succeeded, *baruch Hashem*.

My *chavrusa*, **Harav Yosef Weinman** of Lakewood, is once again my partner in this work, every step of the way. His tremendous depth of knowledge, meticulous attention to the slightest of details, and unusual *yiras Shamayim*, have enabled this work to provide guidance to laymen and scholars alike. I am ever so fortunate to have Rav Yosef as a long-standing friend and *chavrusa*; a true *yedid nefesh* in every sense of the word.

Rabbi Shmuel Felder *shlit"a*, of Lakewood, has once again lent his meticulous eye to this project and provided us with much needed guidance in bringing the reader a clear halachic direction, among the vast array of *poskim*. I am very grateful for his editing of the *sefer* to ensure halachic accuracy and precision.

Thank you to **Rabbi Avrohom Spitzer**, Dayan of Kehillas Skver in Lakewood, for lending his expertise to enhance the accuracy of the Arba Minim images.

Thank you to the **ArtScroll/Mesorah staff** who invest of their greatest talent to elevate the quality of this work; it is a pleasure to be associated with the wonderful staff and iconic organization.

The photos of the Arbah Minim were taken by **Hudi Greenberger** of Lakewood, who has great talent and was very patient in working to capture the essence of the various cases in picture form.

Much *hakoras hatov* goes to **my parents** and brother, **Ronnie Wilheim and family** who have partnered with me in the publication of this *sefer* — may our continued partnership serve as a *Kiddush Hashem*.

I would like to thank my *Eishes Chayil*, **Faigie** שתחי', for constructing a lifestyle that affords me the wonderful gift of daily time in the Bais Medresh and enables me to devote the needed time to work on projects such as this one, with peace of mind. I aspire that the quality and precision of this work match the level at which she runs our household.

Finally, I thank **HaKadosh Baruch Hu** for the opportunity to bring this work to print and it is my *tefillah* that this volume enhances the wonderful Yom Tov of Succos for our readers.

Yitzchak Rosedale

CHAPTER ONE

THE YOM TOV OF SUCCOS

Background

In discussing the Festival of Succos, the Torah states (*Vayikra* 23:42-43):

"בַּסֻּכֹּת תֵּשְׁבוּ שִׁבְעַת יָמִים כָּל הָאֶזְרָח בְּיִשְׂרָאֵל יֵשְׁבוּ בַּסֻּכּוֹת. לְמַעַן יֵדְעוּ דֹרֹתֵיכֶם כִּי בַסֻּכּוֹת הוֹשַׁבְתִּי אֶת בְּנֵי יִשְׂרָאֵל בְּהוֹצִיאִי אוֹתָם מֵאֶרֶץ מִצְרָיִם אֲנִי ה' אֱלֹקֵיכֶם."

> *"You shall dwell in booths for a seven-day period; every native in Israel shall dwell in booths. So that your generations will know that I caused the Children of Israel to dwell in booths when I took them from the land of Egypt; I am Hashem, your God."*

We are thus commanded to erect a kosher succah and dwell in it for the duration of the Succos holiday. Biblically, Succos itself is a seven-day Festival.

Additionally, the Torah tells us to celebrate the holiday of Shemini Atzeres on the day following Succos, as it states (*Bamidbar* 29:35): בַּיּוֹם הַשְּׁמִינִי עֲצֶרֶת תִּהְיֶה לָכֶם וגו' — *On the eighth day, it will be a restriction for you, etc.* Locations outside *Eretz Yisrael* are obligated to observe an additional day of Yom Tov, as is the case with all three Pilgrimage Festivals (the reasons for this are beyond the scope of this work).

Therefore, in *Eretz Yisrael*, eight days are celebrated (seven days of Succos and one of Shemini Atzeres) and outside of *Eretz Yisrael*, a total of nine days are celebrated (eight days of Succos — the last of which is observed as Shemini Atzeres — and one additional day of Shemini Atzeres, which is observed as Simchas Torah). Furthermore, in *Eretz Yisrael* the first and eighth days are observed as full Festival days, with the intermediate six days being Chol HaMoed. Outside of *Eretz Yisrael*, the first, second, eighth and ninth days are observed as full Festival days, with the intermediate five days being Chol HaMoed.

The Original Succah

There is a dispute in the Gemara as to the nature of the "booths" in which the Jews dwelt when they left Egypt.

According to one opinion, by erecting succos we are remembering the temporary living quarters in which the Jews resided in the Wilderness after *Yitziyas Mitzrayim* (the Exodus). Sitting in a succah during the harvest season, after one has gathered all his crops and his storehouse is full of Hashem's bounty, causes one to reflect upon all the good that Hashem has bestowed upon him and it will dispel the thought that one's own mighty hand has created all his wealth.[1]

Another opinion maintains that we are not commemorating physical booths, but the עֲנְנֵי הַכָּבוֹד — the Clouds of Glory that surrounded the Jews in the Wilderness and that provided them protection from the elements and from attack. According to this opinion, the Torah commands us to erect a physical booth to remember the protection that Hashem provided for us in the desert.[2]

The Timing of Succos

Succos is unique in that it is the only holiday that is celebrated at a different time of year from when the original events took place. *Yitziyas Mitzrayim* actually occurred in the spring month of Nissan, and it was then that Hashem provided succos for the Jewish nation. Why then, is Succos celebrated a half year later, in the fall month of Tishrei?

The answer is that Hashem wants it to be obvious that we are erecting these booths because Hashem

1. רשב"ם (על הפסוק שם).
2. איתא בגמ' סוכה (יא:) תניא, כי בסכות הושבתי את בני ישראל, ענני כבוד היו, דברי ר' אליעזר. ר' עקיבא אומר: סוכות ממש עשו להם.

commanded us to do so. If we were to celebrate this holiday in the spring month of Nissan, it would not be clear that we are spending time in these booths for the sake of a mitzvah, since many people enjoy the outdoors during the pleasant spring weather. Because the holiday is celebrated in the generally cool month of Tishrei, it is clear that we are living in these booths only because of the Torah's commandment.[3]

Intention to Fulfill the Mitzvah

As with all mitzvos, we are required to have כַּוָּנָה — intention — to fulfill the mitzvah. At minimum, when sitting in the succah, one should think that he is doing so to fulfill the commandment of sitting in a succah.[4]

Lechatchilah, one should also have in mind that we are commanded to sit in succos to remember that: (1) Hashem took us out of Mitzrayim and (2) Hashem surrounded us with protective *Ananei Hakavod* — Clouds of Glory.[5]

3. טור (סי' תרכ"ה).

4. דקיי"ל בשו"ע (סי' ס' סע' ד') דמצות צריכות כוונה, דהיינו שיכוין בעשיית המצוה לקיים כאשר צוה ה'.

5. מ"ב (סי' תרכ"ה סק"א) בשם הפרי מגדים, וסיים דכל זה לצאת ידי המצוה כתקונה, הא דיעבד יוצא כל שכיון לצאת לבד, ודלא כמש"כ הביכורי יעקב (סק"ג) דגם בדיעבד אינו יוצא. ובלילה הראשונה יש לו להחמיר לאכול עוד כזית בכוונה.

CHAPTER TWO

LIVING IN THE SUCCAH

Dwelling in the Succah

The mitzvah of succah is fulfilled by establishing the succah as one's temporary dwelling place. The concept mentioned in halachah is called תֵּשְׁבוּ כְּעֵין תָּדוּרוּ — *dwelling similar to one's living*. Just as one eats, sleeps and spends his days and nights living in his home throughout the year, he is commanded to do the same activities in the succah, making it his primary place of dwelling for Succos.

Spending Time in the Succah

Each time a person spends time in a succah, he fulfills a positive mitzvah of dwelling in the succah. For this reason, one should take all of his daily activities into the succah, even if the activity is not a mitzvah.[6] Following are examples of the types of activities that one should do in the succah:

6. שו"ע (סי' תרל"ט סע' א'), ומ"ב (סק"ב). ובבה"ל (סע' א' ד"ה ואל) הוסיף דתשמיש המטה ג"כ מותר בסוכה. אך מבואר ברמ"א (שם סע' ב') דאם אין לו סוכה מיוחדת לישן שם עם אשתו פטור מן הסוכה. והמ"ב (שם ס"ק י"ח) כתב הטעם בשם המג"א דאם אינו יכול לישן בסוכה עם אשתו, הו"ל מצטער ופטור מן הסוכה. ואין לחייבו לאחר שנזדוג עם אשתו שיחזור לסוכתו, אלא ישן בביתו עד עמוד השחר. וכתב המ"ב דלפ"ז אם אינו מצטער בזה כגון דלאו זמן עונה אצלו, מחוייב לישן בסוכה בלא אשתו.

- Eating and drinking
- Sleeping and resting
- Learning Torah
- Talking with family and friends
- Playing games[7]
- Working (when permissible)

However, because of the sanctity of the succah, one must take extra care not to transgress any sins in the succah, such as speaking *lashon hora* (evil speech), falsehood, and the like.[8]

Degrading Activities

It is prohibited to engage in any activity that is degrading to the succah.[9] Following are examples of such activities:

- Relieving oneself[10]
- Washing dishes[11]

---

7. חוט שני (סי' תרל"ט אות ג').
8. מ"ב (שם).
9. רמ"א (סי' תרל"ט סע' א').
10. מ"ב (סק"ט). ועי' בפסקי תשובות (עמ' שס"ו) שהביא שהדברי חיים הקפיד שלא לרוק בסוכה.
11. מ"ב (שם), אך כתב דבכוסות ליכא קפידא.

- Storing a broom or dustpan[12]
- Leaving dirty dishes in the succah after the meal is over[13]

Fine Tableware

Although the succah may feel like a makeshift dwelling, one should use his nicest tableware in the succah, just as he would in his own home.

Additionally, one should refrain from bringing food into the succah in pots and pans reserved for cooking, especially if he would not normally bring such utensils to the table when eating in his home.[14]

Eating in the Succah

Any time one is eating food, which is considered by halachah to be a "meal," it must be eaten inside a succah. As we will see below, some foods are categorically not considered a meal according to halachah, and even if one decides to make a meal of that food, he is not obligated to eat it in

12. חוט שני (אות ג'). וכ"כ שם לענין פח אשפה דמותר להכניסו לסוכה אבל אין להשאירו שם. אמנם מהגר"ש פעלדער שליט"א שמעתי דפח אשפה הקטן שמחזיקים במטבח מותר להניחו בסוכה.

13. שו"ע (סע' א'). ואף שבשו"ע כתב שבגמר אכילתו לא ישאיר הכלים בסוכה, ביאר החוט שני (אות ב') דר"ל לאחר שגמרו כל בני הסעודה ולאו דוקא מיד אחר שגמר כל יחיד ויחיד אכילתו.

14. שו"ע (שם סע' א'), ומ"ב (סק"ה).

the succah. However, *Shulchan Aruch* makes special mention that one who refrains from eating or drinking anything outside the succah is considered praiseworthy.

The following foods are considered a meal according to halachah:

1. **Bread:** Bread is considered a meal when eating at least the halachic measure of a *kebeitzah,* which for this purpose is 1.84 fl. oz. (the volume that would displace that amount of liquid) *kebeitzah.*[15]

2. **Cooked Food of the Five Grains:** A cooked dish made from one of the five grains (wheat, barley, oats, spelt, rye) can be considered a meal, depending on the amount that is eaten. A meal, in halachah, is defined as an amount of food that one usually eats as a meal. The exact amount varies based on the individual.[16] Alternatively, if a

15. כ"ה בשו"ע (סי' תרל"ט סע' ב') דמותר לאכול אכילת עראי חוץ לסוכה, וכמה אכילת עראי, כביצה מפת. ועי' במ"ב (סי' תפ"ו סק"א) שכתב דיש מאחרונים שהוכיחו דביצים המצויים בזמנינו נתקטנו הרבה עד למחצה מכפי שהיו בימים הקדמונים שבהם שיערו חכמים. והכריע בשם השערי תשובה דבדאורייתא יש ליזל בזה לחומרא. ושיעור הנ"ל הוא ע"פ שעורין של תורה (ס"ק כ"ז).

16. כ"ה בביאור הלכה (שם ד"ה אם קובע) וז"ל, עיין במאמר מרדכי שמסיק דבדידיה תליא מילתא דכל שהוא קבע עליו אע"פ שלא היה שיעור שדרך בני אדם לקבוע עליו חשיב קבע אף דלענין פת הבאה בכיסנין מבואר לעיל בסימן קס"ח דבעינן דוקא שיעור שדרך בני אדם לקבוע עליו הכא דבעינן

group of people are eating cooked grain together, they are considered to be eating a "meal."[17]

However, since according to some *poskim* such food has the same status as bread, if one ate more than 3.6 fl. oz., he should eat it in a succah; however, in this circumstance the berachah of לֵישֵׁב בַּסֻּכָּה is not recited.[18]

3. **Baked Goods of the Five Grains:** Baked goods that are made from any of the five grains are referred to as *pas haboh b'kissnin*. When one eats the amount of these that he would normally eat for a meal, he must eat it in a succah, and the *berachah* of לֵישֵׁב בַּסֻּכָּה is recited.

If, however one eats less than the amount for a meal, but eats a snack larger than 1.84 fl. oz., he

---

תשבו כעין תדורו כל שקובע עליו הויא קביעות להצריכו סוכה ובדידיה תליא מלתא ע"ש, עכ"ל. וכן פסק המ"ב (ס"ק ט"ו), וכמש"כ בשעה"צ (ס"ק ל"ו) שכן משמע במאמר מרדכי. ומש"כ שעה"צ בשם שערי תשובה, דכל שקובע עצמו לזה מקרי קבע, שמעתי מהגר"ש פעלדער שליט"א, שכוונתו לומר, דקובע עצמו לזה [דהיינו יותר מכביצה] אך אינו באופן קביעות סעודה ממש. משא"כ לדעת המאמר מרדכי בעינן שיהא אצלו קביעות סעודה.

17. מ"ב ס"ק ט"ו.

18. דדעת השו"ע (סי' תרל"ט סע' ב') הוא דתבשיל העשוי מחמשת מינים אינו חייב בסוכה אא"כ קובע עליו, וכן פסקו הרבה אחרונים. אמנם המג"א חולק ע"ז (והובאו דבריו במ"ב ס"ק ט"ו) ודעתו דדינו ממש כמו בפת דאפי' אם אוכל רק מעט יותר מכביצה חייב בסוכה. אך כתב שלענין לברך לישב בסוכה דעת האחרונים דאין לברך רק כשיקבע עליו סעודה כמו שכתוב בשו"ע. ואף דבפת אנו מחמירים שלא לאכול יותר משיעור 1.84, מ"מ בתבשיל שלדעת השו"ע והרבה אחרונים אין דינו כפת, יש לסמוך שנתקטנו השיעורים ויכול להקל עד שיעור 3.6 אם אינו קובע עליו סעודה.

should still eat it in a succah, since according to some *poskim* such food has the same status as bread. However, in this circumstance, one should remain in the succah some time after eating the baked goods and have in mind that his berachah is also covering his sitting in the succah.[19]

4. **Meat, Chicken, Cheese & Fish:** Although meat, chicken, fish, and cheese do not constitute a meal in halachah, when eating them as a meal it is proper to be stringent and do so in a succah.[20]

5. **Wine:** When one drinks more than the volume of a *revi'is* — 2.9 fl. oz. of wine[21] — he should, *lechatchilah,* preferably drink it in the succah. However, the berachah of לֵישֵׁב בַּסּוּכָּה should not be recited when drinking wine alone.[22] See below regarding drinking other beverages outside the succah.

---

19. מ"ב (ס"ק ט"ז).

20. מ"ב (ס"ק ט"ו).

21. ולענין מיץ ענבים אם דינו כיין, הגרי"ש אלישיב (בתורת המועדים ס"ק י"ח) היקל בזה, אבל הגר"ח קניבסקי שליט"א, והגר"ש דבליצקי שליט"א מחמירים דדינו כיין.

22. בשו"ע (שם) פסק דיין אינו טעון ישיבת סוכה, וברמ"א הוסיף דאפי' בדקבע עלייהו. אך במ"ב (ס"ק י"ג) הביא דעת כמה אחרונים שמפקפקין בזה, ודעתם דאם קובע סעודה על היין חייב בסוכה. ומ"מ לענין ברכה הסכימו דאין מברך. ובביאור הלכה (שם ד"ה ויין) הביא מדברי הריטב"א דשתיית רביעית יין חשיב קבע. ובהגדה קול דודי (סי' ב') מובא עפ"י הוראת הגר"מ פיינשטיין דשיעור כזית הוא 1.1 .oz, ולפי"ז שיעור רביעית הוא 3.3 .oz.

Beverages, Fruits & Vegetables

Beverages, fruits, and vegetables may be consumed outside of the succah; however it is still praiseworthy to consume them inside a succah.[23]

In the event that one is eating a meal in a succah, it may be preferable not to eat food or drink outside of the succah during the meal, even if that small portion of food or drink would not have required a succah when consumed independently.[24]

23. שו"ע (סי' תרל"ט ס"ב). ולענין מי שקובע עצמו על שאר משקין, כתב המ"ב (סי' תרל"ט ס"ק י"ג) דנכון לכתחלה שלא לשתות בקבע אפי' שאר משקין כמו מי דבש ושכר אלא תוך הסעודה, או עכ"פ יאכל מתחלה פת יותר מכביצה. ולענין שתיית תה וקפה חוץ לסוכה בדרך קביעות, במחצית השקל (סק"ה) החמיר בזה, אמנם בבכורי יעקב (סקי"ד) נחלק עליו דאין קביעות לדברים אלו ואינו חייב בסוכה. ובשער הציון (ס"ק ל"ג) הביא דברי המחצית השקל, אך הביא מעולת שמואל דאינו מחוייב אלא באופן שקובעין לשתייה אחר האכילה דרך שמחה וריעות אבל לא בשתיית קפה. ושמעתי מהגר"ש פעלדער שליט"א שיש להקל בזה דבדרך כלל לא הוי קביעות, חוץ מאמצע סעודה דאסור.

24. בשער הציון (אות כ"ט) כתב דאפשר דאף מים בתוך הסעודה אין כדאי לשתות חוץ לסוכה, ונשאר בצ"ע בזה, וכן הוא בשו"ת בנין שלמה (סי' מ"א ד"ה וכן נראה לי). ולענין פירות שצריך לברך עליהם באמצע סעודה כיון שאינם באים מחמת סעודה, נסתפק בחוט שני (הל' ברכות סע' י"ב עמ' קס"ט) אם מותר לאוכלם בתוך סעודה מחוץ לסוכה. אך אם אכל בסוכה רק כזית, כתב במקראי קודש (סוכה ח"א סי' נ"א) בשם הגר"ז דבכה"ג מותר לאכול אכילת ארעי חוץ לסוכה כיון דלא חשיב שהוא באמצע סעודתו. אמנם בשו"ת בנין שלמה (שם) נקט שאם התחיל לאכול בסוכה ואכל כביצה ואח"כ השלים אכילתו חוץ לסוכה עד שאכל כשיעור קביעות, ביטל מצות עשה דסוכה.

Reciting לישב בסוכה

Chazal instituted that when eating a meal in a succah, one should recite the berachah of לֵישֵׁב בַּסוּכָּה. The full text of this berachah is:

> בָּרוּךְ אַתָּה ה' אֱלֹקֵינוּ מֶלֶךְ הָעוֹלָם אֲשֶׁר קִדְּשָׁנוּ
> בְּמִצְוֹתָיו וְצִוָּנוּ לֵישֵׁב בַּסּוּכָּה.
>
> *Blessed are Thou Hashem, King of the world, Who sanctified us with His commandments and commanded us to dwell in a succah.*

There is a disagreement among *poskim* as to whether this berachah was instituted to be recited any time one uses a succah, or only when one eats a meal in a succah. Halachah follows the latter view, which maintains that the berachah was established on eating a meal and this covers all other uses of the succah, since they are subordinate to the primary usage of eating.[25]

However, if one enters the succah and plans on eating some time later during that same stay there, he should preferably first eat a food that requires the

25. דעת הרי"ף (סוכה מו.) והרמב"ם (פ"ו דסוכה הי"ב) הוא דכל זמן שיכנס לישב בסוכה כל שבעה מברך, וכן מביא המגיד משנה (שם) בשם הגאונים, וכן פסק הגר"א (סי' תרל"ט ס"ח), וכך נהג כמובא במעשה רב (אות רי"ח). אמנם הרא"ש (שם סי' ג') מביא שיטת ר"ת שאין מברכין אלא על האכילה, וכתב שכן נהגו העם, וכן פסק המחבר (שם). והטעם ביאר הרא"ש שם לפי שעיקר הקבע שאדם עושה בסוכה היא אכילה, אבל שאר טיול ושינה שעושין בסוכה טפלים לגבי האכילה והיא פטרתן.

berachah of לֵישֵׁב בַּסּוּכָּה in order to accommodate all opinions.[26]

If one enters a succah without any plans to eat there during his current stay, many *poskim* are of the opinion that a berachah of לֵישֵׁב בַּסּוּכָּה should be recited upon just using the succah. This is because in this situation, the usage of the succah is not subordinate to eating and therefore requires its own berachah.[27] Accordingly, one would recite a berachah on sleeping in the succah if he did not eat in the succah prior to his sleep.[28]

Other *poskim* maintain that the custom is to recite this berachah only upon eating a meal in the succah.[29]

---

26. כתב המ"ב (ס"ק מ"ו) דאפילו אם יושבים בסוכה קודם אכילה שעה אין מברכים, דהברכה שמברכים אח"כ על האכילה היא פוטרת הכל. אך הביא בשם האחרונים דנכון הדבר לצאת גם דעת הפוסקים הראשונים ולא לישב כך בלי ברכה, וע"כ תיכף בבואו מביהכ"נ יברך על דבר שהוא מה' מינים ויאכל ממנו מעט יותר מכביצה ויברך לישב בסוכה, ולא יברך אח"כ בשעת אכילה.

27. כתבו הט"ז ועוד אחרונים, דהמתענה בסוכות או שאין דעתו לאכול פת, יש לו לברך על ישיבת הסוכה, והובאו דבריהם במ"ב (סקמ"ח). ועפי"ז כתב הח"א דה"ה כשיצא יציאה גמורה לאחר אכילה וחוזר ונכנס ולא יאכל עד הערב וקודם האכילה יצטרך עוד פעם לצאת לביהכ"נ דבזה ג"כ צריך לברך, והובאו דבריו במ"ב (שם).

28. וכ"ה במקור חיים [לבעל החוות יאיר] על השו"ע שם, דאם היה אוכל חוץ לסוכה באיזה אופן שהוא, יברך על השינה. וכ"ה בספר הסוכה השלם בפסקים והערות להגרש"ז אויערבאך (אות כ"ג), דההולך לישן בסוכה ואין בדעתו לאכול יש לברך לישב בסוכה עבור השכיבה במטה בלבד. וכ"ה בחוט שני (סקי"ד אות ב') דמעיקר הדין שפיר דמי לברך על השינה לבד.

29. כ"ה בדעת תורה למהרש"ם (סי' תרל"ט ס"ח) ובערוך השלחן (סעי' מ"ח) דלא נהגו לברך בלא אכילה. ובטעם הדבר היה אפשר לומר דחששו לדעת

One who wants to steer clear of this issue can eat a food that requires the berachah of לֵישֵׁב בַּסוּכָּה prior to using the succah for alternate uses.[30]

One who is fasting on Succos, or who does not intend to eat in his succah at any time that day, must recite a berachah upon sitting in the succah since in this instance, the usage of the succah is not subordinate to eating.[31]

Forgot to Recite Berachah

One who realized mid-meal that he forgot to recite the berachah of לֵישֵׁב בַּסוּכָּה, should recite the

---

שו"ע הרב דהגם שפסק כדעת הט"ז שמברכין על הטיול והשינה במקום שאין האכילה פוטרת וכנ"ל, מ"מ חולק על דינו של הח"א והמ"ב, דז"ל (סי"ב), ברכת לישב בסוכה שבירך על אכילת שחרית היא פוטרת את השינה וטיול בסוכה כל היום שאין צריך לברך עליהם, שאפילו יצא חוץ לסוכתו אחר האכילה והפסיק הרבה בין האכילה להשתיה ושינה וטיול, מ"מ כיון שכולם נמשכים וטפלים לאכילה שהיא עיקר מצות הישיבה בסוכה ברכת האכילה פוטרתן, עכ"ל בקיצור. אמנם בערוה"ש (שם) מבואר דאפילו בלא אכילת שחרית לא נהגו לברך על הישיבה לחוד. והטעם, כתב מפני שאנו תופסים דעיקר המצוה היא האכילה ואין מברכין אלא על עיקר המצוה. וגם בכף החיים (ס"ק צ"ז) חשש לשיטת המאמר מרדכי החולק בכלל על הט"ז ושאר אחרונים שהמתענה צריך לברך עיי"ש.

30. כ"ה בחוט שני (שם) דכשהולך לישן בסוכה בישיבה יאכל שם משהו ויברך, ונוהגים לאכול מזונות קודם ולברך לישב בסוכה. וכן מובא בקונטרס הליכות והנהגות לגרי"ש אלישיב דכשחוזר לסוכתו בלילה לישן טוב שיאכל קודם השינה כדי שיוכל לברך לכל הדעות.

31. מ"ב (שם) בשם הט"ז וש"א. ולא דמי למה שהובא לעיל שיש דעות דגם מי שאינו אוכל בסוכה אינו מברך על הישיבה, דשאני התם שבירך על אכילת שחרית והיא פוטרת השינה והטיול בסוכה של כל היום. אבל ביום שמתענה שלא בירך בשחרית על האוכל, יש לו לברך על הישיבה בסוכה, וכמו שמובא בשו"ע הרב הנ"ל. אך לדעת הערוה"ש גם בכה"ג אין לברך על הישיבה.

berachah as soon as he remembers. If he only remembers at the end of the meal before *Bircas HaMazon* (Grace After Meals), he should recite the berachah at that time and eat some additional food. If he already recited *Bircas HaMazon* and is remaining in the succah for a while, he may still recite the berachah, but it is preferable to eat as well.[32]

When a New Berachah Is Required

The general principle is that one who was in the succah, recited לֵישֵׁב בַּסּוּכָּה, and then went away from the succah need not recite a new berachah upon his return, unless he "completely left" (see below). This is because, so long as one did not "completely leave" the succah, his re-entry is considered a continuation of the earlier use, and is therefore covered by the original berachah.

32. הנה במג"א (ס"ק י"ז) פסק דאם שכח לברך לישב בסוכה עד שהתחיל לאכול, יברך אח"כ על מה שרוצה לאכול. ואפי' אכל כבר ובירך ברכת המזון יכול לברך שגם הישיבה מן המצוה, דמאכילה ואילך כל זמן שיושב הוי הכל קביעות אחד. וכתב הלבושי שרד, דמ"מ כל שעדיין לא בירך בהמ"ז יברך ויאכל מעט, והובאו דבריהם במ"ב (ס"ק מ"ח). אמנם באלף למטה (אות ק"ג) הקשה על המג"א דאיך יברך אם אינו אוכל כלל, ומכ"ש כשדעתו לילך מיד אחר ברכת המזון חוץ לסוכה, ולכן כתב שטוב שיאכל מעט אחר הברכה, וכן הוא בכף החיים (סק"ק), ועי' בפמ"ג (א"א סקי"ז). ובערוה"ש (סעי' כ"ח) לאחר שכתב שהמנהג לא לברך על ישיבה לחוד, הביא דברי המג"א וביארו, דכיון שלא בירך מעיקרא יברך עכ"פ על הטפילה ועדיין היא עובר לעשייתן. ומשמעות המ"ב הנ"ל הוא דבאמצע הסעודה א"צ לאכול דוקא דבר שמברכין עליו מזונות. ועי' בשעה"צ (אות כ"ט) שכ' דבתוך הסעודה אינו רשאי לאכול כלום חוץ לסוכה.

One who recited לֵישֵׁב בַּסוּכָּה on a meal, completed the meal, recited a *berachah achronah*, and later begins another meal without having "completely left" the succah does not repeat the berachah.[33]

The following defines what is considered having "completely left" the succah according to halachah:

1. **Left for an Extended Period:** One who left the succah for an extended period of time — between one and two hours — must recite a new berachah upon his return. This is the case even if one intended to leave the succah for an extended period but changed his mind and returned immediately, for his intention to leave is tantamount to having completely left the succah.[34]

   However, if he left the succah only briefly, with the intention to return immediately,he does not recite a new berachah upon his return.[35]

2. **Left Succah to Run Errand:** One who left the succah to go somewhere (such as to shul or to a

33. שער הציון (ס"ק פ"ו) בשם המג"א וש"א, ושלא כדעת הט"ז.

34. כ"ה במ"ב (ס"ק מ"ז) בשם הפוסקים שאם יצא יציאה גמורה צריך לברך שנית, אלא שלא ביאר מה נקרא יציאה גמורה. ובשו"ע הגר"ז (סע' י"ג) כ' דהוא יציאה כשעה או שתי שעות. ואפי' אם נמלך אחר יציאתו לשוב לסוכתו מיד, הוי הפסק כיון שהסיח דעתו מישיבתו.

35. שעה"צ ס"ק פ"ו

store) and recited a *berachah achronah*: If he begins a new meal upon his return, a new berachah should be recited, even if he had the intention to return immediately. If, however he continues his original meal, a new berachah is not recited, since he returned immediately.[36]

3. **Continuing Meal in Another Succah:** There is a difference of opinion among *poskim* regarding one who plans to eat part of his meal in one succah and continue in another succah. Therefore, *lechatchilah,* when reciting לֵישֵׁב בַּסּוּכָּה in the first succah, he should specifically intend that the berachah applies only to the first succah. Additionally, it is proper to recite *Bircas HaMazon* after his meal, go to the second succah, and recite a new לֵישֵׁב בַּסּוּכָּה there.[37] If he did not have this intention when he recited the לֵישֵׁב בַּסּוּכָּה, he should recite *Bircas HaMazon* at the conclusion of

36. כתב המג"א דאם יצא לביהכ"נ צריך לברך שנית, ובשעה"צ (ס"ק צ"א) הביא מהביכורי יעקב, דהיינו אפילו לתפילת מנחה או מעריב שבדעתו לחזור תיכף לסוכתו, מ"מ צריך לברך שנית, והטעם מפני שההליכה הוי הפסק. אבל דעת כמה אחרונים דהליכה לא הוי הפסק, לכן הכריע השעה"צ דאם לאחר שחזר אכל אכילה שניה, יש לצרף דעת האחרונים דאכילה שניה תמיד טעונה ברכה אחרת, אבל אם ההליכה היתה באמצע הסעודה א"צ לברך שנית כשישוב.

37. במ"ב (ס"ק מ"ח) ושעה"צ (ס"ק צ"ד) הביא מחלוקת בזה. ובשו"ת אג"מ (ח"ד סי' כ"א אות ח') הכריע שנכון לברך ברכת המזון קודם שיוצא מסוכתו, וגם יפרש שאינו מברך אלא על אכילתו וישיבתו בסוכה זו.

eating in the first succah and recite a new לֵישֵׁב בַּסוּכָּה in the second succah.[38]

If he decided mid-meal to continue his meal in another succah, he should recite *Bircas HaMazon* and then recite a new לֵישֵׁב בַּסוּכָּה in the next succah.

Therefore, one who would like to engage in the popular succah-hopping activity, should employ the above method of having in mind that the berachah should cover only the current succah, recite *Bircas HaMazon*, and repeat this process in each succah where he eats the amount requiring a berachah.

Sleeping in the Succah

The mitzvah of succah includes sleeping and napping[39] in the succah for the duration of the Yom Tov

38. בשעה"צ (צ"ד) כתב דמשמע מדברי הבית מאיר דאפי' אם לא היה דעתו בשעת הברכה לילך לסוכת חבירו, ג"כ א"צ לברך. ומיהו, כיון דאיכא דעות בזה, אין כדאי לצאת באמצע סעודה. ומהגר"ש פעלדער שליט"א שמעתי שאם מברך ברכת המזון, לעולם נחשב הפסק לעשותו סעודה אחרת (עי' שעה"צ ס"ק פ"ו).

39. וכתב בחוט שני (אות ד') דההולך לבית המדרש ללמוד ובאמצע הלימוד התעייף וקשה לו להחזיק את עצמו בלי לנמנם קימעא, מסתברא דמותר לו להוריד את הראש ולנמנם קימעא, דמאחר שנוצר מצב שהוא התעייף ואין לו את האפשרות ללכת לביתו או לסוכה שהרי הוא באמצע הלימוד, והרי גם במשך השנה אינו נמנע מלישון קצת במקום שהוא נמצא, וממילא זה הוא הצורה של תשבו כעין תדורו. וכן הדין במי שמנמנם בדרך נסיעתו ממקום למקום, אף שאין לו דין של הולכי דרכים. ומה שאמרו בגמ' שאפילו שינת ארעי חייב בסוכה, היינו באופן שהוא מנגד את ה'כעין תדורו', כלומר שמתכונן

(except on Shemini Atzeres; see below).

As is the case with eating, one must make sure to sleep directly under the s'chach and not underneath an obstruction, such as beneath the top bed of a bunk bed, the overhang of a roof, or the rolled-up cover of the succah.[40]

Succah on Shemini Atzeres

As mentioned above (Chapter One), Shemini Atzeres is a separate Yom Tov that follows immediately after Succos. As with all Yamim Tovim celebrated outside of *Eretz Yisrael*, we celebrate each Yom Tov for two days (for reasons that are beyond the scope of this work). As a result, the day that we celebrate Shemini Atzeres is also, by Rabbinic decree, the last day of Succos (since the seventh day of Succos is celebrated for a second day, and that day is also Shemini Atzeres). The predominant practice is to eat meals in the succah on Shemini Atzeres (but not snacks); however, we do not recite לֵישֵׁב בַּסּוּכָּה, nor do we sleep in the succah.[41]

לישן בבית המדרש או בנסיעה שזה אסור מדינא, שהרי אדם עייף אינו מתכנן לישן בחצר רק בבית, ולכן גם אין לתכנן את ההזדמנות של הנסיעה לישן.

40. שו"ע (סי' תרכ"ז סע' א').

41. שו"ע (סי' תרס"ח סע' א'). ובמ"ב (סק"ז) ביאר הטעם דאין מברכין, דכיון דיום שמיני עצרת הוא, אי אפשר לברוכי בסוכה משום דקשיין אהדדי. אם יום סוכה הוא, לאו שמיני עצרת הוא, ואם שמיני עצרת הוא לאו יום סוכה

Some have the custom to recite only *Kiddush* in the succcah and then eat the meal indoors. Unless one specifically has this custom, he should follow the above guidelines.[42]

הוא, ומשו"ה עבדינן לחומרא. ועוד כ' המ"ב (סק"ו) דמנהג העולם להקל שלא לישן בסוכה בשמיני עצרת.

42. עי' בפסקי תשובות (שם סע' א') שהביא חבל פוסקים ליישב מנהג זה. וסיים דאין להקל בזה אלא למי שקבלה בידו מאבותיו או רבותיו, אבל בלא זה לא כל הרוצה ליטול השם יבוא ויטול. ואין לסטות מדברי הגמ' והשו"ע ד'מיתב יתבינן ברוכי לא מברכינן'.

CHAPTER THREE
EXEMPTIONS FROM SUCCAH

Since the obligation of dwelling in the succah is based upon the dictum of תֵּשְׁבוּ כְּעֵין תָּדוּרוּ — one must dwell in the succah as he would in his home — it follows then, that if circumstances would cause one to leave his home because it is no longer viable living quarters, he is exempt from dwelling in the succah if those same circumstances arise. In halachah, this is called a מִצְטַעֵר — one who is in discomfort. The *poskim* point out that one who remains in the succah as a מִצְטַעֵר will not receive reward and is actually referred to as a הֶדְיוֹט, a fool.[43]

It is important to note that one may not initially erect a succah in such a fashion that he will inevitably be so uncomfortable that will exempt him from sleeping in the succah.[44]

Furthermore, one should try to go to another succah if the nuisance doesn't exist there. However, if doing so would be a great bother, he is not required to do this.[45]

43. רמ"א (סי' תרל"ט סע' ז').
44. רמ"א (סי' תר"מ סע' ד'). ובמ"ב (סק"כ) הביא אחרונים דס"ל דבאופן שאינו מצטער לאכילה אבל מצטער לשינה וכדו', דבדיעבד יוצא ידי חובת אכילה כיון דלאכילה אינו מצטער.
45. רמ"א (שם).

1. **Types of Nuisances:** One may only consider himself a מִצְטַעֵר if the majority of people would also find the same circumstance enough of a nuisance to cause leaving one's home.[46] However, a finicky person may be considered a מִצְטַעֵר if a majority of finicky people would feel the same, even though the majority of non-finicky people would not feel that way.[47]

2. **Remediation of Discomfort:** Additionally, one is obligated to make every reasonable effort to obviate the nuisance before deeming onesself a מִצְטַעֵר. For example, if it is cold outside, one should put on additional layers of clothing or bring a space heater into the succah if that would help, just as one would do in his home before deciding to vacate due to a nuisance.[48]

   Furthermore, if one does not exert such effort to remediate the discomfort and chooses to remain

---

46. רמ"א (סי' תר"מ סע' ד').

47. מ"ב (שם ס"ק כ"ט).

48. בכורי יעקב (שם סק"ט). ועי' גם בב"ח (סע' ד'). ומה שמובא בהליכות שלמה (עמ' קע"א בדבר הלכה ס"ק ל"ז) דאינו חייב להביא תנור לתוך סוכה, שמעתי מהגר"ש פעלדער דהיינו רק אם הוא טירחא, אבל בימינו אם אפשר להכניס תנור בקלות שיועיל לחמם הסוכה, חייב לעשות כן, ודינו ככרים וכסתות, אבל העיר שהרבה פעמים זה לא יועיל, מאחר שאין גג, אא"כ יש לו סכך מעובה. והוסיף עוד דאף אם אין חיוב להכניס תנור, אולם המשתדל לעשות מצב שלא יהיה מצטער ודאי שמקיים בזה מצות סוכה, ולמה לא ישתדל אדם בדבר קל שיוכל לקיים מצוה.

in the succah uncomfortably, he runs the risk of reciting a berachah in vain, since sitting in the succah when considered a מְצְטַעֵר is not fulfilling a mitzvah.[49]

3. Examples of מְצְטַעֵר: Following are circumstances in which one may be considered a מְצְטַעֵר:

- Too hot or too cold[50]
- Too many insects[51]
- Bad odor in succah[52]
- Too windy[53]
- Raining (see below)[54]
- Sick (see footnote)[55]

4. Level of Discomfort: The way one gauges whether he is exempt from the succah is by determining if this same nuisance would cause him to leave his home and seek other accommodations.

49. בה"ל (סי' תר"מ ד"ה מפני) וז"ל וע"כ נראה דיש לזהר בזמן הקור שיהא לבוש בגדים חמים כשסועד בסכה, כדי שלא יהיה מצטער מחמת הקור ויהיה חשש ברכה לבטלה.

50. שער הציון (סי' תרל"ט ס"ק נ"ט) וביה"ל (סי' תר"מ ס"ד ד"ה מפני).

51. שער הציון (שם ס"ק נ"ט).

52. מ"ב (סי' תר"מ ס"ק ט"ז).

53. שם.

54. שו"ע (סי' תרל"ט סע' ה').

55. שו"ע (סי' תר"מ סע' ג'). עי' במ"ב (סק"ו) דטעם הפטור הוא משום דכתיב תשבו כעין תדורו, ואם היה לו זה החולי כל השנה לא היה יושב בביתו דוקא אלא היה הולך למקום שנקל לו לחליו.

For example, if the temperature in the succah is 63°F, one would need to assess what he would do if the temperature in his entire home would be 63°F. If this discomfort would cause him to leave his home to seek out alternative accommodations, he may leave his succah.[56]

Additionally, one who is experiencing extreme discomfort in the succah may leave the succah only if by doing so he will be relieved of the nuisance. For example, one who has a bad headache and finds it difficult to sleep in the succah may not sleep indoors if doing so will not alleviate the pain.[57]

5. **Finding Another Succah:** One who is exempt from the succah because he is extremely uncomfortable should utilize his friend's succah if the nuisance does not exist there. However, one is not required to do so if it presents a great inconvenience.[58]

If It Starts Raining While Eating

If it starts to rain while eating a meal in the succah, it is permissible to leave the succah if rain droplets

56. הליכות שלמה (פ"ט סע' י"ט ובדבר הלכה ס"ק ל"ו).
57. רמ"א (סי' תר"מ סע' ד').
58. רמ"א (סי' תר"מ סע' ד'), ומ"ב (ס"ק כ"ג).

are falling such that it would ruin a food that ruins easily.[59]

One who is unable to make this assessment should estimate if he would leave his home if it were raining to this degree.[60]

In the event that droplets are falling in an area of the succah where people are not sitting, one may not leave the succah unless one feels extreme discomfort as a result of remaining.[61]

Halachah notes that one who remains in the succah while it is raining will not receive reward and is actually referred to as a הֶדְיוֹט, a fool.[62]

Forecast of Rain

If it did not actually start raining, even if it looks like it is about to rain, or the forecast projects rain, one must start eating and sleeping in the succah until it actually starts to rain.[63]

59. שו"ע סי' תרל"ט (סע' ה'). רמ"א (שם).
60. שם.
61. מ"ב (ס"ק ל"ג).
62. הגהות מיימוניות (פ"ו אות ב'), וכדאיתא בירושלמי שכל הפטור מן הדבר ועושהו נקרא הדיוט, והובאו דבריו ברמ"א (סע' ז'). וכתב הבה"ל (ד"ה הדיוטות) בשם הבכורי יעקב, דהא דנקרא הדיוט היינו רק אם בעת הישיבה בסוכה פטור כגון במצטער וכדו'. אבל במקום דפטור מלישב בסוכה כגון בהולכי דרכים, או כשישן בבית מחמת גשמים והפסיקו הגשמים באמצע הלילה דפטור מלטרוח וליכנס לסוכה, אם טורח לישב בסוכה לא נקרא הדיוט.
63. בדעת תורה (סי' תרל"ט סע' ה') הביא דברי הריטב"א [והובאו דברי

If It Stops Raining While Eating Indoors

If one started a meal in his house because it was raining, or if he started his meal in the succah, left because it started raining, and continued his meal in his house, he is not required to return to the succah to finish his meal if it stops raining (although if he continues his meal in the succah, he does fulfill a mitzvah). However, if he has not yet sat down to his meal in the house and it stopped raining, he should commence his meal in the succah.[64]

Exemptions From Sleeping in Succah

If one is extremely uncomfortable sleeping in the succah because, for example, it is extremely cold or very hot and he cannot find a way to become

הריטב"א גם בביכורי יעקב (סי' תרל"ט סק"ל)] שפסק דאם רואה שנתקדרו השמים בעבים והגשם בא, א"צ ליכנס לסוכה לאכול שם. אך כתב שהוא נגד הפוסקים, ונשאר בצ"ע לענין ברכת לישב בסוכה בכה"ג. ומהגר"ש פעלדער שליט"א שמעתי ששאל להגרי"ש אלישיב זצ"ל באם שמע בתחזית המיזוג שעומד לרדת גשם באמצע הלילה אם חייב לישן בסוכה. והשיב דאין לסמוך עליהם וחייב לישן בסוכה.

64. שו"ע (סע' ו'), ומ"ב (ס"ק ל"ח) בשם האליה רבה. ועיי"ש בא"ר שחילק דאם ישב לאכול, אף שלא התחיל לאכול, א"צ לחזור לאכול בסוכה אם פסקו הגשמים, אבל אם לא ישב כלל, צריך לחזור לסוכה. ובבה"ל (ד"ה היה) הביא מחלוקת בזה. ולענין ברכת לישב בסוכה בזמן שחוזר לסוכה, כתב בספר ברכת הבית (סי' נ"ב) דמאחר דלא ידע שיפסקו הגשמים צריך לחזור ולברך. אבל כשישב שם רק שסגר הגג לא הוי הפסק, ובודאי דעתו שאם יפסקו הגשמים שיפתח הגג ולא הסיח דעתו מן הסוכה.

comfortable, he is exempt from sleeping in the succah.[65]

The general guidelines regarding what constitutes discomfort have been noted above, in sections 1 and 2 of this chapter.

Examples of מִצְטַעֵר for sleeping:

- Extremely cold or very hot[66]
- Fear of danger[67]
- No room to sleep because visitors are occupying the space in the succah[68]
- Disturbances that prevent one from sleeping, such as lights, outside noise, etc.[69]

---

65. שו"ע (סי' תר"מ סע' ד'), ועי' במ"ב (סי' תרל"ט סקל"א) שכתב לענין אכילה בסוכה, דכשם שמפנין מפני הגשמים כך מפנין מפני השרב ויתושים.

66. שו"ע (סי' תר"מ סע' ד').

67. רמ"א (סי' תר"מ סע' ד').

68. בספר הסוכה השלם (עמ' תנ"ז) מובא בשם הגרשז"א שהמצטער מחמת חוסר מקום פנוי בסוכה כגון שאורחין מבקרין ושוהין שם זמן רב וא"א לבקש מהם לצאת מן הסוכה, מצטער כזה לא גרע ממצטער מחמת יתושים או קור וחום וכדו', לפיכך פטור בשעה זו מן הסוכה. אולם, אם הקושי אינו מחמת עצם הדיור בפניהם אלא שיש שם אנשים שמלעיגין עליו על ישיבתו בסוכה, מובא בספר הליכות שלמה (פ"ט הע' קכ"ז) שהורה הגרש"ז דודאי אין זה צער הפוטרו מן הסוכה שאין זה צער מחמת עצם הישיבה בסוכה, אלא מחמת קיום המצוה עי"ז. ובסוג צער כזה אדרבה יש לו להתחזק ואל יבוש מפני המלעיגין.

69. כן הוא בשיעורי הלכה (להגר"ש פעלדער שליט"א) דיש להתיר במקום שיש הרבה עוברים ושבים ברחוב אצל סוכתו או שיש קטנים המשחקים או שאר דברים המפריעים לו שלא יוכל לישן.

- Too many insects[70]
- Odor in the succah[71]
- Raining into succah, even minimally[72]
- Regarding one who is ill or aiding the ill, see Chapter Five

If It Stops Raining While Sleeping Indoors

In the event that one went to sleep in his house because it was raining and it stopped raining later that evening, he is not required to move to the succah for the remainder of the night.[73] However, if the rain stopped before he actually went to sleep, he must move out to the succah.

Poskim discuss whether one who exerted effort to bring his bedding into the house is required to

70. שו"ע (סי' תר"מ סע' ד').

71. שו"ע (סי' תר"מ סע' ד').

72. שו"ע (סי' תרל"ט סע' ז'). ולענין השיעור של ירידת גשמים, כתב הרמ"א (שם) וז"ל, מי שהוא ישן בסוכה וירדו גשמים, אין צריך לשער בכדי שיתקלקל התבשיל, דבגשמים מועטים הוי צער לישן שם ויוכל לצאת.

73. שו"ע (סע' ו'). ואף שבשו"ע (שם) איתא שמותר לישן בביתו עד שיעלה עמוד השחר וברמ"א הוסיף ויעור משנתו, ומשמע דלאחר עלות השחר צריך לשוב לסוכה אם נתעורר מאליו, ביאר הגר"ש פעלדער שליט"א (בשיעורי הלכה) דכל הטעם של עלות השחר הוא מפני שהיא סוף זמן שינה ולהכי מחוייב לחזור לסוכה אחר זמן שינה אם פסקו גשמים, אבל בזמנינו דסוף זמן שינה הוא מאוחר יותר מעמוד השחר, מותר לגמור שינתו אף לאחר עמוד השחר.

return to the succah if it stopped raining before he commenced his sleep.[74] Therefore, if moving back to the succah would not entail excessive effort, he should do so.[75]

If it was raining and one slept in the succah while the succah was covered, and then he wakes up and the rain has ceased, if the cover can be easily opened or removed, one is required to open the cover.[76]

Wet S'chach

If it stopped raining but there are still rain droplets dripping into the succah from the wet s'chach, one is not required to eat and sleep in the succah,[77] unless one can dry the wet s'chach so that the dripping stops.[78] When drying the s'chach, care must be taken not to move the s'chach, since it is *muktzeh*.

Succah Cover

Some people construct their succah with a removable succah cover, commonly referred to as a

74. מ"ב (סק"מ).
75. כן שמעתי מהגר"ש פעלדער שליט"א.
76. . מ"ב (ס"ק מ"א).
77. כ"כ המ"ב (סי' תר"מ ס"ק כ"ג) לענין גשם הנוטף מן האילנות.
78. כן שמעתי מהגר"ש פעלדער שליט"א.

shlock, to protect the succah when it rains. Others have a removable roof or operable skylights in their home, where they install s'chach for succos. Although there is no halachic requirement to do so, it is praiseworthy, since the succah will be immediately usable when the rain stops.[79] However, while it is raining and the cover is over the succah, there is no requirement to sit in the succah.[80]

---

79. איתא במטה אפרים (סי׳ תרכ״ה סע׳ ס״ד) וז״ל, מצוה לכל מי שאפשר לו לעשות סוכה עם גגין שנסגרים בעת הגשמים וכשפוסקים הגשמים פותחין אותן והסכך נגוב ויכולין לקיים המצוה כראוי בזמנה, וכן משמע בנמוקי אורח חיים (סי׳ תרל״ט סק״ג בוסגריים). ועוד כתב שם לענין השוהים בסוכה תחת כיסוי הסוכה כשהגשמים יורדים, והוכיח מסוגייא דסוכה (כו.) דיש בזה מעלה, וביאר זה דעכ״פ המקום של הסוכה הוא חשוב כיון שכשמעביר הכיסוי, הוא מקום קיום מצות סוכה, והוא מקום חיבת הקודש, עיי״ש.

80. הנה בשו״ע (סי׳ תרכ״ט סע׳ י״ט) הביא שני שיטות לענין פירס סדין ע״ג סכך כשר להגן מן החמה או תחתיו שלא ישרו העלין לתוך הסוכה, אי נפסלת בכך. ולדינא פסק המ״ב (ס״ק נ״ח) דיש להחמיר כדעה ראשונה שפסולה. ומ״מ כ׳ בשם המג״א דאם הוא שעת הדחק דאינו יכול לאכול בסוכה מפני הגשמים הנוטפין, מותר לישב תחת כיסוי זה אם הוא תוך ד׳ טפחים להסכך, דסמכינן אדעה שניה בכה״ג אבל לא יברך. וא״כ לפי״ז לכאורה יש לישב תחת השלאק העשוי מפלאסטיק בעת הגשמים ולא יברך ע״ז. אמנם, שמעתי מהגר״ש פעלדער שליט״א דישיבה תחת השלאק אינו דומה לציור של השו״ע והמג״א מכמה טעמים. וע״ע בשו״ת אג״מ (או״ח ח״ה סי׳ מ״ג אות ד׳) שהאריך להוכיח דאף לדעה השניה בשו״ע דכשר בתחת הסדין, השלאק פוסל הסוכה כיון דאין גשמים יכולין לירד לתוך הסוכה.

CHAPTER FOUR

THE FIRST NIGHT OF SUCCOS

Eating on Erev Succos

One should refrain from eating on Erev Succos after three halachic hours past *chatzos* (halachic mid-day). [This time is calculated based on one's geographic location and the time of year; one should refer to a comprehensive calendar or consult a competent *posek*.] This prohibition applies to eating any amount of bread, or eating enough food that will reduce one's appetite for the Yom Tov meal, such as fruits, vegetables, fish, and meat.[81]

Eating in the Succah on the First Night

It is a requirement for each adult male to eat a minimum of a *kezayis* (volume of an olive) of bread[82] in the succah on the first night of Succos.[83]

---

81. ברמ"א (סי' תרל"ט סע' ג') כתב דאין לאכול מחצות ואילך כדי שיאכל בסוכה לתיאבון. אמנם במ"ב (ס"ק כ"ז) כ' שהאחרונים הסכימו לדינא דאינו אסור אלא מארבע שעות אחר חצות היום.

82. אבל בפת הבא בכיסנין ובמיני תרגימא כתב המ"ב (ס"ק כ"א) דאין יוצאין ידי חובתו.

83. שו"ע (סע' ג'). וביאר המ"ב (ס"ק י"ט), דבליל יו"ט הראשון מחוייב לאכול בסוכה ואפילו אם אינו אוכל אלא כזית, משא"כ מליל זה והלאה אפילו בשבת ויו"ט דמחוייב לאכול פת אינו מחויב לאכול בסוכה אלא אם אוכל יותר מכביצה דהוי אכילת קבע. והטעם דלילה זה חמיר, דגמרינן ט"ו ט"ו מחג המצות, מה התם רק לילה הראשונה חובה מכאן ואילך רשות אף ה"נ לענין סוכה, עכ"ל. עוד ביאר המ"ב (ס"ק כ"ב), דאע"ג דבשאר הימים שיעור

There is a difference of opinion among *poskim* regarding the size of a *kezayis*. Since the issue at hand regards a Biblical obligation, one should be stringent and eat at least an equivalent of 1.84 fluid ounces of bread.[84]

When eating the bread, one should endeavor to complete eating a *kezayis* within three to four minutes.[85]

It is important that this minimum requirement of eating bread in the succah is fulfilled after nightfall and before *chatzos* — halachic midnight.[86]

אכילה חוץ לסוכה בכביצה אבל ליל ראשון שהוא חובה טפי, אפילו כשאין לו אלא כזית חייב לאוכלו בסוכה והלכך יוצא בה נמי ידי סוכה וצריך לברך לישב בסוכה ע"ז וזה מיירי כשאין לו יותר, אבל אם יש לו בודאי מן הנכון שיאכל יותר מכביצה לצאת גם דעת הסוברים דלצאת ידי מ"ע בעינן שיאכל שיעור המחייב לאכול בסוכה כל שבעה דהיינו יותר מכביצה, עכ"ל.

84. במ"ב (סי' תפ"ו סק"א) כתב שהצל"ח והחת"ס הוכיחו דביצים המצויים בזמנינו נתקטנו הרבה עד למחצה מכפי שהיו בימים הקדמונים שבהם שיערו חכמים, ולפ"ז בכל מקום שהשיעור הוא כחצי ביצה צריך לשער בכביצה בזמנינו, והכריע בשם השערי תשובה דבדבר שהוא מה"ת יש להחמיר. ולכן כתב שבזמנינו יתחייב לאכול מצה עד כשיעור ביצה. ולפ"ז, ה"ה שלענין אכילת כזית בסוכה בלילה הראשונה שיש להחמיר שנתקטנו השיעורים ולאכול 1.84. ואף שכתב המ"ב (סקכ"ב) דאם יש לו מספיק פת, לכתחילה נכון שיאכל יותר מכביצה לצאת גם דעת הסוברים דלצאת ידי מצות עשה דסוכה בעינן שיאכל שיעור המחייב לאכול בסוכה כל שבעה דהיינו יותר מכביצה, מ"מ א"צ להחמיר תרי חומרי לומר שנתקטנו השיעורים וגם שיאכל יותר בכביצה, ולכן סגי לאכול 1.84. וכן הסכים הגר"ש פעלדער שליט"א.

85. מ"ב (ס"ק כ"ב). ובערוך השלחן (סי' ר"ב סע' ח') כתב דשיעור כדי אכילת פרס הוא ג' או ד' דקות. ובשו"ת אג"מ (או"ח ח"ד סי' מ"א ד"ה עכ"פ) כתב שהוא בערך ג' דקות כדעת המרחשת (סי' י"ד).

86. שו"ע, ורמ"א (סי' תרל"ט סע' ג').

However, if one did not fulfill the mitzvah by *chatzos*, he must still fulfill it even after *chatzos*.[87]

Kiddush

On the first evening of Succos, one recites *Kiddush* and ends with the berachos of לֵישֵׁב בַּסוּכָּה and then שֶׁהֶחֱיָנוּ.[88] On the second evening, there is a difference of opinion among *poskim* whether the order of the berachos should be reversed. One should follow his community's custom in this regard.[89]

If multiple people are reciting *Kiddush* in the same succah and they have different customs, they should adopt one custom for that meal.[90]

However, this halachah applies only in a small succah wherein everyone can hear others reciting

87. מ"ב (ס"ק כ"ו), והוסיף המ"ב שאף יכול לברך לישב בסוכה, אלא שאז דינו כשאר ימי סוכה שאין לברך אא"כ יאכל יותר מכביצה. וכבר הבאנו שבמצות דאורייתא בין כך מחמירים לכתחילה לאכול שני כזיתים דחיישינן שנתקטנו השיעורים, ורק שיהיה נפק"מ שיצטרך לאכול משהו יותר מכביצה.

88. שו"ע (סי' תרמ"ג סע' א').

89. שו"ע (סי' תרס"א סע' א'). וברמ"א (שם) כ' דכן ראוי לנהוג בליל שני דסוכות לברך זמן ואח"כ לישב בסוכה. והטעם, ביאר במ"ב (סק"א) דברכת הזמן בליל שני לא קאי אלא אקידוש ולא אסוכה, הלכך צריך שלא להפסיק בסוכה בין קידוש לזמן. ושוב הביא המ"ב (סק"ב) דעת האחרונים דלעולם מברכין לישב בסוכה ואח"כ זמן, ואין מוחין במי שרוצה לנהוג כן. אולם, אם ליל שני דסוכות חל להיות במוצאי שבת, דעת הפמ"ג דיברך לישב בסוכה ואח"כ זמן כיון דמ"מ מפסיק ביקנה"ז.

90. מ"ב (שם). ובכף החיים (סק"ב) הביא דברי המ"ב וכתב וז"ל ולענ"ד נראה דבזה שמקדים ברכה לאחרת לית ביה חשש לא תתגודדו, דהא אם לא אכל בסוכה לילה ראשונה מברך בלילה שניה ברכת לישב בסוכה קודם זמן.

Kiddush. In a large public succah, each family can follow its own custom.[91]

Berachah of שהחיינו

When reciting the berachah of שֶׁהֶחֱיָנוּ during *Kiddush*, one should have in mind that he is also including the arrival of the new Yom Tov as well as the mitzvah of sitting in the succah.[92]

In the event that one forgot to recite this berachah at the evening meal, he should recite it any time during Yom Tov, as soon as he realizes his omission, preferably when eating in a succah. If he did not recite it in a succah, the next time he eats in a succah, he should recite the שֶׁהֶחֱיָנוּ a second time.[93]

Additionally, if, for whatever reason, one is unable to eat in the succah during the evening, the berachah of שֶׁהֶחֱיָנוּ is recited upon eating indoors. In this scenario, he must recite the שֶׁהֶחֱיָנוּ a second time upon eating in a succah.[94]

---

91. כן שמעתי מהגר״ש פעלדער שליט״א.

92. על פי שו״ע (סי׳ תרמ״א סע׳ א׳), ומ״ב (שם סק״ד).

93. על פי רמ״א (סי׳ תרמ״א סע׳ א׳), ומ״ב (סי׳ תרמ״ג סק״ב, וסי׳ תרל״ט ס״ק ל״ו). ומה שכתבנו דאם נזכר שלא בירך באמצע יו״ט שיברך כן בעת האכילה, כן שמעתי מהגר״ש פעלדער שליט״א.

94. רמ״א (שם), ומ״ב (סק״ה, ובסי׳ תרל״ט ס״ק ל״ו).

Raining on the First Night

Typically, one is exempt from eating in the succah when it is raining (or if any one of the general exemptions of eating in the succah exists;[95] see Chapter Three). However, the first night of Succos is an exception to this rule.[96]

If it is raining on the first night, one should *lechatchilah* delay starting the Yom Tov meal by one to two hours (some suggest waiting until close to midnight) to see if the rain will subside, enabling him to eat in the succah with reciting the berachah of לֵישֵׁב בַּסוּכָּה and thereby fulfill the mitzvah properly. However, if waiting this long for the rain to subside will cause the person himself, the family, or guests to become very hungry or tired, one should recite *Kiddush* and eat a *kezayis* of bread in the succah without reciting the berachah of לֵישֵׁב בַּסוּכָּה, and he may then continue his meal indoors.[97]

It is important to note, that in the event one recited *Kiddush* and *HaMotzi* in his succah while it was raining (without reciting לֵישֵׁב בַּסוּכָּה) and continued his meal indoors, if it stops raining later that

95. רמ"א (סי' תר"מ סע' ד').

96. רמ"א (סי' תרל"ט סעי' ה)

97. רמ"א (סי' תרל"ט סע' ה'), ומ"ב (ס"ק ל"ה), ושעה"צ (ס"ק ס"ז).

evening, he must re-enter the succah, recite the berachah of לֵישֵׁב בַּסוּכָּה, and eat at least a *kebeitzah* of bread there.[98]

The additional obligation of the first night applies only to eating in the succah while it is raining. There is no obligation to sleep in the succah in the rain even on the first night of Succos.[99]

Raining on the Second Night

If it is raining on the second night of Succos, it is preferable to wait some time to see if the rain subsides, unless it will cause people to become tired or hungry. If the rain does not subside, one may commence his meal indoors and he is not required to recite *Kiddush* and *HaMotzi* in the succah. However, some time during that evening, he must eat a *kezayis* of bread in the succah even if it is raining.

If it stops raining, he should eat a *kezayis* of bread in the succah and recite the berachah of

98. מ"ב (ס"ק ל"ו). והטעם, שכאן צריך לאכול יותר מכביצה, כתב השעה"צ (אות ס"ט) בשם הבכורי יעקב, דאם אוכל רק כשיעור כזית או כביצה א"י לברך, דלדעת הפוסקים דס"ל דמצטער חייב בלילה הראשונה, הרי קיים מתחילה המ"ע באכילה ראשונה, ושוב עתה הדין כמו בשאר ימי סוכות דאין לברך לישב בסוכה רק על יותר מכביצה.

99. הכרענו כמנהג הפשוט שדוקא לענין אכילה מחוייב לאכול כזית בסוכה בליל ראשון של סוכות אפי' אם יורד גשמים, וכמש"כ המ"ב (ס"ק ל"ה) דגמרינן ט"ו ט"ו מחג המצות לחייבו באכילה בכל גווני אף דיש ראשונים המחייבים גם שינה בגשם בליל ראשון (עיין ערוה"ש סי' תרל"ט ס"ק ט"ז וי"ז).

לֵישֵׁב בַּסוּכָּה. In the event that the rain only subsides later that evening (after he already ate a *kezayis* of bread in the rain), he should enter the succah, recite לֵישֵׁב בַּסוּכָּה, and eat more than a *kebeitzah* of bread in the succah.[100]

100. מ"ב (ס"ק ל"ו). עי' לעיל הטעם.

CHAPTER FIVE
WHO IS OBLIGATED IN SUCCAH

Men

Adult men above the age of thirteen are Biblically obligated in the mitzvah of succah.

Women

Women are not obligated in the mitzvah of the succah, as is the case with most time-bound mitzvos.[101] However, many women have the custom to fulfill this mitzvah.[102] When doing so, the woman may recite the berachah of לֵישֵׁב בַּסוּכָּה and it is permitted to answer amen to her berachah.[103]

Children

The mitzvah of *chinuch* (training a minor to fulfill mitzvos) dictates that children who have reached the age of *chinuch*, which is roughly five or six years of age (based on the child's maturity), are obligated to be trained in the fulfillment of the mitzvah of succah.[104]

---

101. שו"ע (סי' תר"מ סע' א')

102. כתב רעק"א (בהשמטות לסי' א') דאף שנשים פטורות ממצות עשה שהזמן גרמא, מ"מ רוב הנשים מחמירות על עצמן וזהירות וזריזות לקיים רוב מצות עשה שהזמן גרמא, כגון שופר סוכה ולולב.

103. רמ"א (סי' י"ז סע' ב'), ומ"ב (סי' תר"מ סק"א, וסי' קכ"ד ס"ק מ"ז).

104. שו"ע (סע' ב'). אמנם בערוה"ש כ' וז"ל ולא ידעתי למה אין נזהרין בזה

It is therefore prohibited for parents or others to feed (i.e., place the food in his mouth) a child who has reached the age of *chinuch* when he is outside of a succah, or to command him to eat outside of the succah. Of course, this applies only to foods (and quantities) that one is absolutely obligated to eat in a succah.[105]

As with adults, if it is extremely uncomfortable for the child to eat in the succah, he is exempt.[106] Many have the custom not to require their children to sleep in the succah since they are more susceptible to cold weather.[107]

Mourner

An *avel*, mourner, is obligated in the mitzvah of succah.[108] However, an *onen* (one whose immedi-

בזמננו. ואולי מפני שבמדינתנו ע"פ הרוב הזמן קר בסוכות וקשה על הקטן לאכול בסוכה וצ"ע, עכ"ל.

105. מ"ב (סק"ה). וכ' השעה"צ (סק"ח) דמ"מ מותר לאחרים להניח אוכל לפניו מחוץ לסוכה והוא אוכל מעצמו, אבל אסור לאביו לעשות כן שהרי מדין חינוך חייב לחנכו לאכול בסוכה. ושמעתי מהגר"ש פעלדער שליט"א דלכאורה כל זה היינו רק להאכילם דברים שחייבים לאכול בסוכה מדינא כגון לאכול יותר מכביצה פת, ובתוך שיעור זמן של אכילת פרס, שכנראה הוא דבר שאינו שכיח.

106. ערוה"ש (סע' ב').

107. שמעתי מהגר"ש פעלדער שליט"א, וכן הוא בהליכות שלמה (פ"ט הע' 149). ועוד טעם הוסיף, דבדרך כלל הילדים הולכים לישן יותר מוקדם בעוד שהגדולים עדיין משתמשים בסוכה.

108. שו"ע (סי' תר"מ סע' ה'), וכתב המ"ב (ס"ק ל"א) דאע"ג דמצטער פטור מן הסוכה,

ate relative died and has not yet been buried) who is exempt from all mitzvos, is also exempt from the mitzvah of succah.[109]

It is important to note that there are scenarios in which an *onen* is obligated in all mitzvos, such as on Shabbos and Yom Tov, if he does not plan on burying his relative that day. In these scenarios, a Rav should be consulted.[110]

Chassan

There is discussion among the authorities if a *chassan* (a groom, who maintains the status of "*chassan*" for seven days) is obligated in the mitzvah of succah. Practically, a *chassan* should be stringent to sit in the succah; however he should consult his Rav as to whether he should recite the berachah of לֵישֵׁב בַּסּוּכָּה.[111]

הכא איהו קמצער נפשיה איבעי ליה ליתובי דעתיה כדי לקיים את המצוה.

109. מ"ב (ס"ק ל"א) הביא שהפמ"ג מסתפק בזה ושהביכורי יעקב מצדד שהוא פטור. ובערוה"ש (סע' י"ג) פסק להקל בזה. ובאמת הוא מפורש במאירי בסוכה (דף כ"ה).

110. כן מבואר במ"ב (שם) דדוקא בחול המועד או ביו"ט כשרוצה לקבור ע"י נכרי ביו"ט ראשון או ע"י ישראל ביו"ט שני, דאז חל דיני אנינות, דדוקא אז נפטר מחמת עוסק במצוה שפטור מן המצוה..

111. מ"ב (ס"ק ל"ג). אולם בכף החיים (ס"ק נ"ד) הביא דברי השלטי גבורים דבזמן הזה חתן חייב לישב בסוכה בברכה, וכתב דאילו היה המ"ב רואה דברי השלטי גבורים, היה פוסק דחתן חייב בברכה בזמן הזה. ועי' בשמירת שבת כהלכתה (פס"ח הע' קט"ו) שמביא בשם הגרש"ז אויערבאך שהעיר על דברי המ"ב דאמאי אין החתן יכול לברך והרי קעביד מצוה ועדיף טפי מנשים

One Who Is Ill

One who is ill and being indoors would alleviate his discomfort is exempt from the mitzvah of succah. However, this applies only if the ill person would have left his home were his home missing that comfort.[112]

Aiding the Ill

Those aiding the ill are exempt from the mitzvah of succah as long as the patient needs their assistance. This is based on the concept of הָעוֹסֵק בְּמִצְוָה פָּטוּר מִן הַמִּצְוָה — *one who is engaged in one mitzvah is exempt from other mitzvos.*[113] As each case is different, a Rav should be consulted in situations of doubt.

Traveling on Succos

One who is traveling on Succos may be exempt from the mitzvah of succah, depending on the circumstance:

שמברכות אף שאינן חייבות בסוכה, וע"ש שכתב דאפשר דאינו מברך מפני שמצטער מן הישיבה בסוכה. ושמעתי מהגר"ש פעלדער שליט"א דאם יש אחר להוציאו אין כדאי להיכנס לספק ברכות.

112. שו"ע (סע' תר"מ סע' ג'), והטעם כתב המ"ב (סק"ו) משום דכתיב תשבו כעין תדורו, ואם היה לו זה החולי כל השנה לא היה יושב בביתו דוקא אלא היה הולך למקום שנקל לחליו.

113. שו"ע (סי' תר"מ סע' ג'), ומ"ב (סק"ז). ואף שכ' השו"ע דין זה בשם יש מי שאומר, כתב האליה רבה (סק"ה) דאפשר דכו"ע מודים בזה. עוד כ' דאם הוא חולה שיש בו סכנה, נראה דיש להקל גם בשעה שאינו צריך לו, והובאו דבריו במ"ב (ס"ק י"א).

1. **During Travel:** While one is traveling, he is exempt from the mitzvah of succah. However, if he can find a succah without any exertion, he is required to do so.[114]

2. **While Lodging:** One who is traveling for a necessity and is sleeping away from home is required to exert himself to find a succah. If he cannot accomplish this without significant exertion, and there was significant necessity for his travel, he is exempt. He is also not required to exert himself to build a succah.[115]

3. **Traveling for Pleasure:** According to Rabbi Moshe Feinstein *zt"l*, there are instances when one is prohibited to travel to a place where he will not have a succah, if the reason for his travel is for pleasure. However, other *poskim* maintain that this is permitted, although they advise against this practice, because it is nonsensical to forgo this beautiful mitzvah for the sake of relaxation. In fact, some point out that one should actively put himself in a circumstance to

114. שו"ע (סי' תר"מ סע' ח') דהולכי דרכים פטורים מן הסוכה. והטעם, ביאר המ"ב (ס"ק ל"ט) משום דתשבו כעין תדורו אמר רחמנא, וידוע כשאדם דר בביתו בשאר ימות השנה אינו נמנע מלנסוע לאיזה ענין ומניח את ביתו, וכן ה"ה בסוכה. ועוד כ' (סק"מ) דהא דפטורים מן הסוכה היינו שא"צ להמתין מלאכול עד שיגיע לסוכה אם לא שיזדמן לפניו סוכה בעת האוכל בלי טורח.

115. שו"ע (שם) וכדביארו הלבוש, וכן פסק המ"ב (ס"ק מ"א – מ"ב).

be obligated in mitzvos and not to try to avoid them.[116]

Succah at Work

One who must go to work in his office on Chol HaMoed is obligated in the mitzvah of succah even if there is no succah at his place of work. He must therefore either build a succah or not eat foods that require a succah.[117]

This is in contrast to one who is traveling for work reasons; see above.

116. בשו"ת אג"מ (או"ח ח"ג סי' צ"ג) יצא לחדש דהפטור של הולכי דרכים הוא רק אם הולך לסחורה וכיוצא שהוא צורך ממש, אבל לטיול ולתענוג בעלמא שאין לזה שום צורך אסור, ועוד טעם כתב לאסור שהרי נענשין על עשה בעידן ריתחא כשמבקש להפטר מהמצוה כדאיתא במנחת (מא). גם הגרש"ז אויערבאך החמיר בזה כמובא בספר סוכה השלם (פסקים והערות אות ל'), וטעמו עפ"י מש"כ המג"א (סי' תר"מ סק"ד) שלמד מדברי המג"א שאסור לערוך טיולים בחג הסוכות ולהיפטר מסוכה מדין הולכי דרכים, שהרי יכול להקדים או לאחר הטיולים ליום אחר. אמנם הגרי"ש אלישיב (ס' הערות, סוכה כו.) וס' חוט שני (פי"ב אות ט') חולקים על האג"מ, וסוברים דגם בטיול יש הפטור של הולכי דרכים, אלא שכ' דהרי זו שטות לאבד מצוה יקרה בשביל טיול. וגם בכתבי הגרי"ש אלישיב (סוכה סי' כ') כתב שבודאי עליו להכניס את עצמו לחיוב ולא להפקיע את עצמו מן המצות, ע"ש למקור דבריו. ויצויין שבשו"ת אג"מ (אה"ע ח"ד סי' ל"ב אות ח') גם הסכים שבאופנים מסויימים יש הפטור של הולכי דרכים בנוסע לטיול ע"ש.

117. מ"ב (ס"ק מ"ו) בשם המג"א. והטעם, ביאר הלבושי שרד דכיון שיושב שם הוי כביתו, וכן הוא בחיי אדם (כלל קמ"ז סע' כ"ג), ובקיצור שו"ע (סי' קל"ה סע' כ"ב).

CHAPTER SIX

USING SUCCAH MATERIALS ON SUCCOS

From the beginning of Succos until after Simchas Torah (or on Shabbos if it immediately follows Simchas Torah), it is prohibited to use any part of the s'chach or walls of the succah in a way that changes its use as a succah. For example, it is prohibited to use a bamboo pole of s'chach to retrieve a ball from a tree. This prohibition applies on Chol HaMoed as well.[118]

It is, however, permitted to use the succah for another use on Succos as long as the succah remains intact, such as using it as a shed and the like (however, as noted above, it may not be used in a degrading manner).[119]

Dismantling the Succah During Succos

Some *poskim* permit taking down a succah on Chol HaMoed Succos, so long as the succah is not used for an alternate use.[120] As with all *melachah* (labor,

118. שו"ע (סי' תרל"ח סע' א'). והטעם מביא המ"ב (סק"א) דכתיב חג הסוכות שבעת ימים סה', כשם שחל שם שמים על החגיגה כך חל שם שמים על הסוכה. ואפילו עשה סוכה אחרת בחוה"מ וא"צ לראשונה אפ"ה עציה אסורים בהנאה, עכ"ד.

119. מ"ב (סק"ד).

120. שו"ת להורות נתן (ח"ז סי' מ"ז). ועיי"ש שכתב דכ"ז לענין הורדת הסוכה,

as defined in halachah) on Chol HaMoed, it is only permitted with certain limitations, one of which is to prevent a financial loss. If, for instance, the weather may ruin one's succah, he may dismantle it on Chol HaMoed.[121]

Additionally, even those who prohibit taking down a succah during Chol HaMoed allow one to erect a succah on Chol HaMoed and stipulate that he plans to take it down during Succos.[122]

Succah Decorations on Succos

Succah decorations may not be moved on Yom Tov even if they fell to the ground, since they are considered *muktzeh*, although on Chol HaMoed it is permitted to move them. Even on Chol HaMoed, some prohibit using a decoration (such as smelling an esrog that is hanging from the s'chach). Others allow such use, but all opinions prohibit one from consuming a decoration (such as eating edible gourds) even if it fell and is no longer being used as a decoration.[123] These halachos apply

---

אבל לענין נוי סוכה אסור להורידם בסוכות אפי' אם אינו משתמש עמהם לצורך דבר אחר, דכיון דהסוכה קיימת ורק מוריד הנוי, הוי זה ביזוי לסוכה.

121. כן שמעתי מהגר"ש פעלדער שליט"א, שהרי אפי' מלאכת הדיוט אסור שלא לצורך המועד.

122. שו"ע הרב (סע' י"ד).

123. שו"ע ורמ"א (סע' ב'). ולענין השתמשות בנוי סוכה באופן שאינו מכלה אותו,

to both decorations hanging from the s'chach and decorations affixed to the walls.[124]

However, before Succos begins, one may expressly stipulate that he should be allowed to use the decorations throughout Yom Tov. In this case, one may move the decorations on the succah walls (though not those which are hanging from the s'chach).[125]

Succah Materials After Succos

After Succos, one is permitted to discard the s'chach. However, care must be taken to do so in a respectful manner; it may not be merely thrown directly into the garbage, stepped upon, nor placed somewhere where others may step on it. The s'chach should either be burned or wrapped in a protective material such as plastic and then discarded. When burning s'chach, it is permitted to benefit from the fire.[126]

המ"ב (ס"ק כ"ה) הביא פמ"ג שמחמיר בזה, ובשעה"צ (ס"ק ל') הביא הביכורי יעקב שמיקל בזה.

124. מ"ב (סק"י). ובהליכות שלמה (פ"ז אות י"ט) מסתפק אם דין זה שייך גם לנוי שאינם מונחים על הסכך והדפנות, כגון אגרטל פרחים שעל השלחן וכדו'.

125. הרמ"א (שם) כ' דמותר להתנות על נוי הדפנות דיורידם בסוכות או יסתפק מהן, אבל בנוי הסכך לא מהני תנאי.

126. מ"ב (ס"ק כ"ד). והטעם, כיון דתשמישי מצוה הם כציצית ולולב. ומ"מ כתב הבכורי יעקב (ס"ק י"ט) דמותר לשורפם ולהשתמש לאורו שאין זה נקרא תשמיש בזוי. ובחוט שני (סק"ב) כתב דלזורקן באשפה כשהם מכוסים, באופן שאין חשש שיתגלה הכיסוי באשפה, אפשר שמותר.

Alternatively, one may place the s'chach near the garbage bin and the non-Jewish sanitation worker can discard it on his own.[127]

It is proper to treat succah walls in the above manner as well.[128]

This is in contrast to succah decorations, which may be discarded directly into the garbage.[129]

---

127. כן שמעתי מהגר"ש פעלדער שליט"א.

128. מ"ב (סי' כ"א סק"ו) בשם הפמ"ג.

129. קובץ הלכות בשם הגר"ש קמנצקי (פי"ב הל' ל"א). והביא ראיה בהערה שם (הע' ל"ג) מהמג"א (סי' תרל"ח סק"ט) באותן החוקקים פסוק בסוכות תשבו על הדלעת, לא יפה עושים. וביאר במ"ב (סקכ"ד) הטעם משום דיבואו לידי בזיון, וע"כ הטעם הוא משום שזורקין אותן לאשפה אחר החג. ומ"מ אינו אסור אלא מפני שכתוב בו פסוק, ולא מפני שהוא נוי סוכה. ומהגר"ש פעלדער שליט"א שמעתי, שאף שמסברא י"ל דמותר, מ"מ אין ראיה מדברי המ"ב, אך הסכים שלדינא יש להקל בזה.

CHAPTER SEVEN
BUILDING A SUCCAH

Timing

Those who are meticulous with mitzvah observance should engage in some initial steps toward erecting the succah immediately after Yom Kippur, in accordance with the dictum of *Chazal*, that מִצְוָה הַבָּאָה לְיָדוֹ אַל יַחְמִיצֶנָּה — *one presented with a mitzvah should not allow it to be delayed.*[130]

Beautifying the Succah

One is encouraged to decorate the succah and make it feel as homey and luxurious as possible, just as one does in his home.[131] See below for details related to succah decorations.

It is permitted to purchase and install succah decorations that were manufactured to be used for a non-Jewish holiday,[132] but one should not use dec-

130. רמ"א (סי' תרכ"ה סע' א'), ומ"ב (סק"ב).

131. דז"ל הרמב"ם בפירוש המשנה (בפ"ב דסוכה), ענין קבע עיקר ותמידות, והוא שיציענה במצעות היפות ביותר שיש לו, ויעטרנה ויאכל בה וישתה ויישן ויעשה ביתו כבית התשמיש והסוכה בית דירה. וז"ל המאירי (סוכה דף כח:) שיעלה כליו הנאים לתוכה ויציע אותה בהצעה נאה וטובה שיש אצלו וישתדל לנאותה ויאכל וישתה בה ויישן בה וישים ביתו כמו בית השמש והסוכה כמו בית הדירה כו'. ובמ"ב (סי' תרל"ח ס"ק י"א) הביא דברי השל"ה דראוי ליפות הסוכה בקרמין וסדינים ולתלות בה פירות חשובין.

132. כ"כ בשו"ת שבט הלוי (ח"ב סי' נ"ז), דמותר לתלות נוי סוכה שמיוצירים בבית חרושת עבור יום אידם של גויים כיון דהזמנה לע"ז לאו מילתא היא.

orations that are overtly related to a non-Jewish holiday.[133]

The Laws of S'chach

Chazal derive from Scripture that in order for a material to qualify as kosher s'chach, it must meet the following criterion:[134]

1. גְּדוּלוֹ מִן הָאָרֶץ — It must grow from the ground.[135] This excludes earth, glass, metal, stone, synthetic materials,[136] and more.
2. It may be used only after it is completely detached from the ground.
3. It must not be מְקַבֵּל טוּמְאָה — susceptible to *tumah*. Following are examples of materials that are מְקַבֵּל טוּמְאָה:
    a. Once a product that has grown from the ground is fashioned into a vessel, it becomes susceptible to *tumah*.
    b. All food items fit for human consumption are מְקַבֵּל טוּמְאָה and are not kosher for s'chach.[137]

133. כן שמעתי מהגר"ש פעלדער שליט"א.

134. בגמ' סוכה (יב.) יליף לה מקרא דחג הסכות תעשה וגו' באספך מגרנך ומיקבך, ודרשינן דבעינן שיהא הסכך דומיא דפסולת גורן ויקב שיש בהם כל הדברים הללו, וכן נפסק בשו"ע (סי' תרכ"ט סע' א').

135. שו"ע (סי' תרכ"ט סע' י"ג).

136. שו"ת שבט הלוי (ח"ד סי' נ"ז).

137. שו"ע (סי' תרכ"ט סע' ט'). ומבואר בסע' י"א דדוקא מאכל אדם פסול לסכך.

The most common materials that are used for s'chach are pine branches, bamboo poles, and reed mats that are strung together with a natural, unfinished product. It is best to procure materials that have a kosher certification to ensure that the product fulfills all of the above requirements.

It is permitted to paint one's s'chach.[138]

Obstructions Above Succah

The Torah requires that the s'chach of the succah is open to the sky and unobstructed from any additional coverings over the s'hach, such as a tree or an additional roof.[139]

One should therefore be cognizant of any roof overhangs or tree branches that are directly above the s'chach, since they may invalidate the succah.

Sitting in an area with an overhead obstruction is equivalent to sitting under non-kosher s'chach[140] (see "Sitting Under Non-Kosher S'chach," below) in that if the obstruction above the succah is four *tefachim* (handbreadths; each approx. 4 inches)

138. שו"ת האלף לך שלמה (סי' שס"ד). ובספר סוכה השלם (מילואים לפ"ח אות ע') בשם החזו"א ג"כ כ' דמותר לצבוע בכל מיני צבע.

139. שו"ע (סי' תרכ"ו סע' א'), וביאר המ"ב (סק"א) דבעינן שתהא הסוכה תחת אויר השמים, דכתיב בסוכות תשבו וכו' ולא בסוכה שתחת האילן. ולענין סוכה תחת הבית, מבואר בשו"ע (סי' תרכ"ו סע' א').

140. ראה שער הציון (ס"ק כ"ב).

wide, one may not sit beneath that area. If it is less than three *tefachim* wide, one may sit underneath that area. If it is more than three and less than four *tefachim* wide, *lechatchilah* one should not sit under that area. Therefore, one must take note of how wide these obstructions are.

Succah Beneath a Tree

If one erects a succah beneath a tree, there are a variety of scenarios to consider:

1. If the tree provides no shade at all, the succah is kosher.[141]
2. Any area where the tree itself would provide "majority shade," (see below for the definition of this term) is invalid for a succah. This is true even if one places enough s'chach to provide adequate shade had the tree not been there.[142] Furthermore, even if the tree is high above the succah and is not currently providing shade, one should be stringent in this regard.[143]

---

141. ע"פ השו"ע (סי' תרכ"ו סע' א'). ואף דבביכורי יעקב (סק"א) כתב די"ל דלכתחלה אין לעשות סוכה תחת בית או אילן אפי' היכא דמותר לכו"ע, מ"מ המ"ב ושאר הפוסקים השמיטו דבר זה. ועוד, דבתוספת ביכורים (על הביכורי יעקב שם) פקפקו בדבריו, והביכורי יעקב בעצמו שם השיב שלא כתב כן רק בלשון 'אולי'.

142. שו"ע (סי' תרכ"ו סע' א').

143. הנה בשו"ת עמק התשובה (ח"ב סי' נ"ז) הקיל בזה. אמנם בספר מקראי קודש (ח"א סי' ט"ו אות ג') החמיר בזה. וגם בספר הסוכה השלם (עמ' שנ"ג) כתב

3. In an area where the tree itself would provide some shade, but not "majority shade," if the s'chach that is not beneath the tree would adequately provide "majority shade," it is kosher.

   However, if the s'chach that is not under the tree would provide only "minority shade," one should use the succah only if he has no alternative.[144]

4. If the branches of a tree are situated next to a succah and are not directly above the succah, they do not invalidate the succah even if they provide shade.[145]

If one did erect a succah beneath a tree and then removed the tree or branch, the succah is kosher.[146]

Removable Roof & Skylights

As mentioned above, the Torah requires that a succah be erected without any obstructions above

שכן משמע גם בבה"ל (ריש סי' תרכ"ו) בשם הבית מאיר. ושמעתי מהגר"ש פעלדער שליט"א שכן הוא מנהג העולם שלא להקל בזה.

144. בשו"ע (שם) הביא בזה שתי שיטות די"א דבכה"ג הסוכה כשירה וי"א שפסולה, וכתב הבה"ל (ד"ה וי"א) דע"פ הכלל הידוע דבשני י"א פסק השו"ע כהשני גם הכא פסק לחומרא, וכ"כ הפמ"ג ומ"מ בשעת הדחק שאין לו סוכה אחרת וגם א"א לו לתקן סוכה זו להכשירה יש לסמוך על סברא הראשונה, עכ"ד.

145. ביאור הלכה (סי' תרכ"ו ד"ה תחת).

146. רמ"א (שם סע' ב'), והטעם דלא מקרי תעשה ולא מן העשוי, הואיל ואין הפסול בסכך עצמו.

the s'chach. Therefore, a succah erected beneath the roof of a house is *pasul* (invalid).[147] However, it is permitted to erect a succah inside a house if the roof is removable or has a skylight that opens so that the s'chach is directly under the open sky.[148]

If the roof is removable or has skylight windows that open, one must place the s'chach on the succah while the area above the s'chach is open. Installing the s'chach and then removing the roof (or opening the skylight) would invalidate the succah.

In the event that one first placed the s'chach and then removed the roof (or opened the skylight), he must lift up each part of the s'chach while the roof is exposed (or the skylight open) with the intentions of replacing it as kosher s'chach for shading a succah.[149] Some *poskim* suggest that the s'chach

147. רמ"א (סע' א').

148. שו"ע (סי' תרכ"ו סע' ג').

149. הנה, הרמ"א (סע' ג') כתב שמותר לעשות סוכה תחת הגגות העשויות לפתוח ולסגור אפי' בעוד שהם סגורות, ולא מקרי בזה 'תעשה ולא מן העשוי', הואיל ואין הפסול בסכך עצמו. אמנם במ"ב (ס"ק י"ח) הביא דעת האחרונים שהחמירו בזה, שצריך לפתוח דלתות הגג קודם שמסכך. ואם שכח והניח, כתב המ"ב שצריך לפתוח הגגות ולנענע כל הסכך, דהיינו שיגביה כל עץ לבדו ויחזור ויניחנה לשם צל, ושוב יגביה עץ חבירו ויניחו, וכן כולם. ולענין כמה גבוה צריך להגביה הסכך כדי להכשירו, מבואר בשו"ע הרב (סי' תרכ"ט סע' כ"ח) שצריך שיגביהנו מעט ולהניחה לשם צל, ולא כתב שיעור, ומשמע אפי' מעט. ובספר שושנת ישראל (פ"ב) מביא מהג"ר שלמה מילר שליט"א שהבין כוונת השו"ע הרב, דמסתבר דבעינן שיגביה טפח, שטפח הוא שיעור אהל וכיון שהגביהו טפח נעשה כאהל חדש.

should be lifted one *tefach* (handbreadth; roughly four inches) high.

Once the succah has been erected in the proper fashion, one may put the roof back on the succah to protect it from the elements and remove it before using the succah.[150]

It is permissible to open and close the roof or skylight even on Shabbos and Yom Tov, as long as it is controlled manually, without the use of electricity or a motor.[151]

Snow on Succah

Some opine that heavy snow that is covering the s'chach invalidates the succah. It is therefore suggested that in the event of a heavy snowfall, one should *lechatchilah* remove heavy snow from atop the succah.[152]

---

150. מ"ב (ס"ק י"ט). והטעם, דכיון שנעשה בתחלה בהכשר, לא הוי תעשה ולא מן העשוי, דדומה לפירס עליה סדין וחוזר ונוטלה שכשר.

151. רמ"א (שם).

152. ביכורי יעקב (סי' תרכ"ו ס"ק ז') בשם הגינת ורדים. והטעם דהא שלג אינו חוצץ בפני הטומאה ולא חשיב מידי להיות כתקרה ע"ג סוכה, וכן פסק הבאר היטב (סק"א) והשערי תשובה (סק"א). וערוה"ש (סי' תרכ"ט סע' ב') חולק ע"ז דאם רבה השלג על הסכך אין לברך לישב בסוכה בכה"ג, דאין להביא ראיה מטומאה דהא זרעים וירקות המחוברים לקרקע אינו חוצץ בפני הטומאה וודאי דחוצץ אם הוא על הסכך. ושמעתי מהגר"ש פעלדער שליט"א שכדאי להחמיר לשיטת הערוה"ש לכתחלה.

Glass / Plexiglas Cover

If one places a piece of glass or Plexiglas above or beneath the s'chach, it invalidates the succah.[153]

Withstanding Wind

One of the conditions of a kosher succah is that it is able to withstand an ordinary wind. Both the walls and s'chach must be able to withstand such wind so that the walls will not collapse and the s'chach will not blow off.[154] See below ("*maamid*") regarding tying down the s'chach.

S'chach Mats

One should take care to only purchase mats with a reliable kosher certification, to ensure that the mat was fashioned for the use of s'chach and that the material used to weave the reeds together is also kosher for s'chach.

Processed Wood

The accepted practice is not to use finished, processed wood for s'chach even if the pieces are less

153. בקובץ הפסגה (שנת תר"ס קובץ ו' עמ' י"ד) מובא תשובה מבעל החשק שלמה שפסל בזה, והסכימו עמו חמשה רבנים עיי"ש בטעמא דמילתא. וכן מובא במקראי קודש (סוכה ח"א סי' כ"ב) בשם הגר"מ אפשטיין.

154. שו"ע (סי' תרכ"ח סע' ב').

than four *tefachim* wide, because, although they technically conform to the requirements of s'chach, there is concern that one may place the wood in such a fashion that does not allow rain to penetrate, which would invalidate the succah.[155] Therefore, *lechatchilah* one should not use two-by-four (inch) beams of wood as s'chach.

However, one who is in a pressing situation and does not have other s'chach may use processed wood. In this circumstance, he should preferably use beams that are less than 12" wide.[156] If only wider planks are available, he may use those.[157]

Supporting the S'chach — Maamid

When constructing a succah, one must take care to choose the materials appropriately, so that it be designed it in the most optimal fashion according to halachah.

1. ***Lechatchilah***: *Lechatchilah*, one should not even support the s'chach with a material that is not kosher for s'chach, lest one come to use the

155. שו"ע (סי' תרכ"ט סע' י"ח). ובמ"ב (ס"ק מ"ט) ביאר הטעם דלמא אתי לסכך בענין שלא יהא מטר יכול לירד שם. ועוד הביא המ"ב שיש מהראשונים דס"ל דבכה"ג פסול מעיקר הדין בזמנינו הואיל ובזמן הזה מסככין בתיהם בנסרים שאין בהן ד' טפחים.

156. כנלפע"ד פשוט מאחר שהוא רק משום מנהג ואינו בגזירת תקרה.

157. מ"ב (סק"נ).

non-kosher material as s'chach. In halachah, a support is called a *maamid*, support. This would include supporting from the bottom, such as using cross beams that are not kosher for s'chach, or by weighing down the s'chach on top, by placing non-kosher materials over it.[158]

Therefore, one should *lechatchilah* not use metal cross beams to support the s'chach. Some say that it is not sufficient to line a metal beam with a wooden material if the s'chach could not be supported without the metal.[159] For the same reason, plastic straps should not be used to hold down the s'chach; rather, unprocessed natural material may be used for this purpose, such as straw and the like.

2. **Secondary Support — *Maadmid D'Maamid*:** It is permissible to secure wooden cross-beams by inserting them into metal brackets that are fastened to the walls, since this is called *maadmid d'maamid*, secondary support (lit., support of a support) and is permitted. See Point 6, below, for additional details on this topic.

158. רמ"א (שם סע' ז'). והביא המ"ב (ס"ק כ"ב) קושיית הר"ן דא"כ, אמאי מותר לסכך על גבי כותל של אבנים. ותירץ, משום דלא שכיח שיסכך בזה.

159. מקראי קודש (ח"א סי' כ"א), ושו"ת מנחת שלמה (תנינא סי' נ"ה). ועי' במקראי קודש שם שנסתפק באופן שהברזל שהוא המעמיד דמעמיד הוא באורך הסוכה, והמעמיד מעץ הוא ברוחב הסוכה, ומניח הסכך עליהם באורך.

3. Resting on Succah Walls: Although one may not use large planks of wood as s'chach (see above), one may rest the s'chach directly on the walls of one's succah.[160] This applies even if one's wooden house or shed walls are used as walls of the succah.[161] One may also rest the s'chach on stone or brick walls.

4. B'dieved: If one already built a succah using a *maamid* that is invalid for s'chach and it would require significant effort to rectify, or he has no other construction materials to avoid using a *maamid*, it is permissible to use this type of succah *lechatchilah*.[162]

5. Definition of *Maamid*: In halachah, it is not considered *maamid* unless the s'chach will not stay

---

160. ע"פ ביאור הלכה (סי' תר"ל ד"ה כל הדברים) דלא גזרו להעמיד סכך על דבר שהוא פסול מדרבנן ולכן נסרים שהם רחבים ד' על ד' שפסולים רק מדרבנן אין בהם משום מעמיד, וכ"כ בשו"ת מנחת שלמה (תנינא סי' נ"ה ד"ה וכמו כן). ואע"ג דהמ"ב (בסי' תרכ"ט ס"ק כ"ה) כתב דאסור לסכך בדבר שמקבל טומאה מדרבנן, היינו משום דדבר המקבל טומאה הוא פסול מדאורייתא, משא"כ רחב מד' טפחים הוא פסול דרבנן.

161. ואע"ג שהוא מחובר לקרקע, הוי תלוש ולבסוף חיברו שכתב המ"ב (ס"ק ל"ו) דכשר.

162. מ"ב (ס"ק כ"ב). והנה במ"ב כתב דבדיעבד או שאין לו שאר דברים, כשר. ובשו"ע הרב (סע' י"ג) הוסיף וז"ל, כל זה לכתחלה, אבל בדיעבד 'שכבר העמיד את הסכך' עצמו בדבר המקב"ט, מותר לישב בו לכתחלה. ומבואר, דאף אם עדיין לא ישב בסוכה, כיון שכבר העמיד הסכך, נקרא בדיעבד וכשר לישב בו לכתחלה. ומש"כ דבמקום טירחה מרובה מותר בדיעבד, כן שמעתי מהגר"ש פעלדער שליט"א שבטירחה מועטת מסתבר לומר דעדיין נחשב כ'לכתחלה'.

in place without the support. If the s'chach will stay in place for the duration of Succos without the *maamid* , throughout average weather conditions, it is not considered *maamid*.

If only an unusual storm would displace the s'chach without the *maamid*, it is not considered *maamid*.[163] Therefore, if the s'chach is secure for average conditions, one would be allowed to tie down the s'chach with plastic straps to provide extra security against major storms and the like.

6. **The Chazon Ish Stringency:** The Chazon Ish is stringent, even with regards to *maamid d'maamid,* not to support something that is supporting the s'chach with a material that is not kosher for s'chach. According to this opinion, one should not use metal nails, screws, or brackets to secure wooden cross beams onto the succah walls or even to fasten the walls of the succah together, since the walls are needed to support the s'chach.[164]

163. כן הוא במאירי (סוכה כא:) בהגדרת דין מעמיד, דדוקא אם כל סמיכתה על המעמיד עד שאם תנטל יפול הסכך, פסולה. וכן מבואר בפמ"ג (סי' תרמ"ג מש"ז סק"ד) דדוקא אם חיברה במסמרים דא"א זולתם, הוי מעמיד. וכ"ה בשו"ת בצל החכמה (ח"ה סי' מ"ד) דדוקא אם אינו עומד ברוח שאינו מצויה מקרי מעמיד, וכן צידד בשו"ת שבט הלוי (ח"ט סי' קל"ז).

164. הנה דעת המ"ב (סי' תרכ"ט ס"ק כ"ו) הוא להקל במעמיד דמעמיד, וכן הוא דעת הרבה פוסקים. אמנם דעת החזו"א (או"ח סי' קמ"ג אות ב') להחמיר בזה. ובקהילת יעקב (סוכה סי' י"ח) חילק, דאף המקילין בדין מעמיד

This stringency, though well known, is not generally accepted.[165]

Density of S'chach

One should place s'chach over the entire area of the succah. The minimum density of s'chach to qualify as a kosher succah is enough to provide shade to at least 51 percent of the area in the succah[166] when calculating all the shade and sun throughout the succah.[167]

Lechatchilah, the s'chach should be thin enough, such that there are some holes and cracks in at least one area of the s'chach. In this way it is kosher even if one cannot see stars through the cracks at nighttime.[168]

Additionally, the s'chach should not be thick to the point that it prevents heavy rain from penetrating. *B'dieved*, if it is not possible to fix the s'chach to allow heavy rain to enter (for example, it is Yom Tov

דמעמיד, לא הקילו אלא כשמעמיד הראשון הוא מן הצד, ולא כשהוא מתחת לסכך עצמו. וכגון אם הדבר המקב"ט מעמיד הדפנות של הסוכה, נחשב מן הצד, ובזה הקילו.

165. שו"ת מנחת שלמה (תנינא סי' נ"ה).

166. שו"ע (סי' תרל"א סע' א'). וכתב המ"ב (סק"ד) דיש להחמיר שלא לישב במקום שהוא חמתה מרובה במקום שהוא ז' על ז' טפחים.

167. שו"ע (סי' תרל"א סע' ב').

168. שו"ע (סי' תרל"א סע' ג'), ומ"ב (סק"ה).

and one may not remove the excess s'chach), it is kosher.[169]

Sitting Under Non-Kosher S'chach

Sitting beneath non-kosher s'chach that is four *tefachim* long (roughly 14 inches)[170] by four *tefachim* wide,[171] is not considered to be sitting in a kosher succah.[172] *Lechatchilah*, one should also not sit beneath non-kosher s'chach that is three *tefachim* long (roughly 10 inches) by three *tefachim* wide. Less than three *tefachim* is insignificant and one may therefore sit underneath such area.[173]

If non-kosher s'chach that is four *tefachim* wide is running along the entire length or width of the succah, it may invalidate part or all of the succah. A competent *posek* should be consulted.[174] If the non-kosher s'chach is less than four *tefachim* wide,

---

169. מ"ב (סק"ו).

170. ז"ל שו"ת אגרות משה (או"ח ח"א סי' קל"ו), וכפי שאני מדדתי הרבה פעמים נמצא אמה של תורה שהוא כ"ד אצבעות מדת כ"א אינטשעס ורביע. ויש אולי להחמיר במקום שהוא לחומרא עד כ"ג אינטשעס האמה ועל יותר לע"ד אין מקום להחמיר. אך מ"מ לשיעור מקוה מהראוי להחמיר להחשיב כ"ד אינטשעס האמה. ובעצם הדין מדת כ"א אינטשעס ורביע האמה היא מדה הנכונה בין לקולא בין לחומרא.

171. פמ"ג (סי' תרל"ב אשל אברהם סק"ד).

172. שו"ע (סי' תרל"ב סע' א').

173. מ"ב (סק"ג), דכיון דדבר מועט הוא כמאן דליתא דמי.

174. עי' שו"ע (סע' א').

it does not invalidate the succah, but is subject to the above guidelines.

Non-kosher s'chach along the wall of the succah does not invalidate the succah unless it is wider than four *amos* — roughly seven feet,[175] but one sitting in that area (if it is more than 4 *tefachim* wide — or, *lechatchilah,* if it is 3 *tefachim wide*) is not considered to be in the succah.[176]

Hanging Decorations

As mentioned above, one fulfills the mitzvah of sitting in a succah only if he sits beneath kosher s'chach. Under certain circumstances, sitting under an object that is hanging from the s'chach is not considered sitting under kosher s'chach:

1. **Non-Decorative Objects:** Objects hanging from the roof are considered non-kosher s'chach and in some instances may invalidate the s'chach above them. The rules of non-kosher s'chach are detailed above. In general, one may not sit beneath non-kosher s'chach that is four *tefachim* wide (roughly 14 inches) and *lechatchilah* one should not sit under that area if it is even three *tefachim* (roughly 10 inches) wide.[177]

175. שו"ע (סע' א'), דאמרינן דופן עקומה.

176. שו"ע (שם), ומ"ב (סק"ג).

177. שו"ע (סי' תרכ"ז סע' ד'), ומ"ב (סי' תרל"ב סק"ג).

2. **Decorations & Lights:** Decorative items that are hanging within four *tefachim* (approximately 14 inches) of the s'chach are *batel*, subordinate, to the s'chach and one may therefore sit beneath that area.

Decorations that are hanging four or more *tefachim* below the s'chach are considered non-kosher s'chach and if the decoration is also four *tefachim* wide, one may not sit under that area.[178] Even if it is three *tefachim* wide, one should *lechatchilah* not sit beneath that area.[179] (See above regarding the laws of non-kosher s'chach).

In light of the above, one should *lechatchilah* not install decorations or light fixtures that hang four *tefachim* beneath the s'chach, even if they are not four *tefachim* wide, since one may mistakenly end up hanging decorative objects that are four *tefachim* wide, or one might hang multiple objects close together, thus forming an area four *tefachim* wide.[180]

Some *poskim* are lenient regarding if the top of a hanging decoration is within four *tefachim* of

178. שו"ע (סי' תרכ"ז סע' ד'), ומ"ב (סק"י - ס"ק י"ב).

179. מ"ב (סי' תרל"ב סק"ג).

180. רמ"א (סי' תרכ"ז סע' ד'), ומ"ב (ס"ק ט"ו). ומבואר עוד במ"ב (שם) דמנורות חשיבי נוי סוכה.

the s'chach but the decoration extends down beyond four *tefachim* from the s'chach.[181] *Lechatchilah* one should be stringent in this regard. However, if the decorations are less than four *tefachim* wide, one may be lenient.[182] Additionally, if the decoration is not providing the majority of shade in that area, one may be lenient. An example of this would be hanging decorative chains.[183]

Sitting Under an Area With No S'chach

The halachah of sitting under an area that has no s'chach is more stringent than that of sitting under non-kosher s'chach, since empty space is more noticeable.[184]

One may not sit under an area of the s'chach that has an empty space of three *tefachim* (roughly 10 inches) by three *tefachim*. If this three-*tefach* space spans the entire length or width of the succah, it may invalidate the succah, in which case a competent *posek* should be consulted.[185]

---

181. עי' בספר הסוכה (מילואים פי"ד אות ג') שיש בזה צדדים להיתר ולאיסור.

182. כן שמעתי מידידי הרב יוסף ויינמאן שליט"א, דמאחר שאפי' ברחב ד' טפחים נחלקו בזה הפוסקים, וממילא במקום שאינו רחב ד' והוא רק זהירות שהובא ברמ"א, יש להקל בזה. וכן הסכים הגר"ש פעלדער שליט"א.

183. שער הציון (שם ס"ק כ"א).

184. מ"ב (סי' תרל"ב סק"י) בשם הט"ז.

185. שו"ע, ורמ"א (סע' ב').

If a space of less than three-*tefachim* wide runs along the entire succah, one may not sit under that area, but it does not invalidate the succah. However, even if the space does not run along the entire succah, but the space is large enough that a person's head or most of his body can fit under that space, he may not sit beneath that area. Therefore, although every succah has cracks in the s'chach, since generally they do not span the entire length or width of the succah in an uninterrupted fashion, the cracks do not affect the validity of the succah.[186]

Some suggest that in order to avoid having any empty spaces between the s'chach that span the entire width or length of the succah, at least one piece of s'chach or wood should be placed perpendicular to the rest of the s'chach.[187]

186. שם, ומ"ב (ס"ק י"ב).

187. הנה, ברמ"א (סע' ב') כתב דכשאויר הולך על פני כולו, אין ישנים תחתיו. ובשו"ת שלמת חיים (סי' רמ"ג), ובשו"ת מועדים וזמנים (ח"ו סי' ע"א) הקילו כשהאויר ע"פ כולו הוא רק משהו. ולכן אף אם יש סדקים קטנים בין הסכך על פני כולו, כשר לדעתם. ובשו"ת שארית ישראל (או"ח סי' ל"א) פסק דבאויר פחות מטפח אין חשש. אולם, בהליכות שלמה (פ"ח סע' ד') מובא מהגרש"ז איערבאך שסוכתו היתה מסוככת בפלפונים שהונחו לאורך הסוכה, והניחו מקצת סכך גם לרוחב כדי שלא יהא ביניהם הפסק אויר במשך כל הסוכה. וכן הובא להלכה בקובץ הלכות (פ"ח סע' ד') בשם הגר"ש קמנצקי שליט"א. ושמעתי מהגר"ש פעלדער שליט"א דסגי בזה להניח קורה של עץ לזה כיון דמעיקר הדין כשר לסכך בה. ובחזו"א (סי' קמ"ד סק"ה ד"ה נמצא) כתב דאם היה האויר על פני כולה ואמצע גופו תחת האויר, פסול כיון שגופו נמצא בב' סוכות.

Maximum Height of S'chach

The verse which speaks of the mitzvah of succah states, בסכות תשבו שבעת ימים — *You shall dwell in booths for seven days* (*Vayikra* 23:42). The term תשבו implies that a succah must be able to be a "temporary structure." *Chazal* determined that any structure which is taller than twenty *amos* (somewhat more than 30 feet) will need to be constructed with sturdy materials, necessitating a permanent structure, whereas a succah must be able to be designed as a temporary structure.[188] One may, however, construct a sturdy succah that is less than twenty *amos* high.[189]

On the other hand, even if one manages to construct a temporary structure that is taller than twenty *amos*, it is not a kosher succah.[190]

Minimum Dimensions of a Succah

The minimum size of a succah's width and length is seven *tefachim*, which for this purpose should be

---

188. בגמ' סוכה (ב.) אמרו מדכתיב בסוכות תשבו שבעת ימים, אמרה תורה צא מדירת קבע ושב בדירת ארעי. והיינו, מדכתיב 'תשבו' ולא כתיב 'תדורו' (כן הביא השער הציון סי' תרל"ג סק"ד בשם הריב"ב). וברש"י שם פירש הילפותא סוכה של שבעה ותו לא, דהיינו ארעי.

189. מ"ב (סק"ג).

190. שער הציון (סק"ז).

considered to be 26.6 inches, with neither dimension being smaller than this minimum size. There is no maximum size for the area of a succah.[191]

The minimum height of the s'chach is ten *tefachim*, which for this purpose should be considered to be 38 inches.[192]

Shape of a Succah

A succah may be constructed in any shape, including a circle. However, the area must be large enough to be able to measure a seven-by-seven-*tefach* square inside the succah.[193]

Sequence of Construction

When constructing a succah, the walls must be constructed first, and only then should the s'chach be put in place. If it was constructed in the reverse order, it is invalid.[194] It must be noted that the above halachah applies only to the minimum size

---

191. שו"ע (סי' תרל"ד סע' א'). וביאר המ"ב (סק"א) דזהו השיעור שיכול לאדם להחזיק ראשו ורובו ושלחנו טפח בתוך הסוכה. ועוד כ' דבין באורך ובין ברוחב לא יחסר מז' טפחים.

192. שו"ע (סע' ח'), וכ' המ"ב (ס"ק כ"ה) דבעינן שחלל הסוכה יהיה גבוה לפחות י' טפחים.

193. שו"ע (סי' תרל"ד סע' ב').

194. רמ"א (סי' תרל"ה סע' א'), ומש"כ לענין בדיעבד, כן הביא המ"ב (סק"י) בשם הרבה אחרונים.

and walls of a succah. Once the minimally required walls were constructed, one may complete the rest of the walls after the s'chach is in place.

Building a Succah on Chol HaMoed

One who did not build a succah before Succos, even if this was done with the knowledge that he would need a succah during Succos, may construct a succah on Chol HaMoed. One may certainly re-build a succah that collapsed on Yom Tov.[195]

S'chach Blew Off on Yom Tov

If the wind blew off one's s'chach on Yom Tov, such that the succah is no longer kosher, it is prohibited for one to fix it himself on Yom Tov (if the s'chach was partially blown off, a Rav should be consulted).[196] However, if no other succah is available, one

195. שו"ע (סי' תרל"ז סע' א'). וכ' המ"ב דה"ה אם נפל ברוח דמותר לבנותו בחול המועד, אבל לא ביו"ט.

196. אם נפל רק מקצת מן הסכך יש דיון בפוסקים אם מותר להחזיר הסכך שנפל [כגון בטלטול בגופו], דהפמ"ג (סי' שט"ו א"א ד"ה שאלה) משמע שמותר להחזיר גם באופן שהסוכה נפסלה ע"י נפילת מקצת מהסכך, דגם בסכך יש היתר של תוספת אם נותן הסכך באופן עראי, הגם שהיא אהל המתרת ישיבת הסוכה. אמנם המ"ב (בסי' תרל"ז סק"א) כתב שאסור להוסיף סכך ביו"ט עצמו. וכתבו בס' ארחות שבת (פ"ט הע' מ"ז) דאפשר שטעמו משום שבדרך כלל הסכך ניתן לכמה ימים והוי בגדר אהל קבע ואין בזה היתר של תוספת. ובסוף דבריהם הביאו בשם הגרש"ז אויערבאך (שש"כ ח"ג פכ"ד) שמסקנתו היתה לאסור להוסיף על הסכך. וסיימו דמאחר שבפמ"ג משמע שמותר, אפשר דבשעת הצורך המיקל בזה יש לו על מי לסמוך.

may ask a non-Jew to place the s'chach back onto the succah.[197]

Who May Build a Succah

According to halachah, as long as a succah was built for the purpose of providing shade, it is a

197. הנה המ"ב (סי' תרכ"ו סק"כ) כתב בשם הפמ"ג, אסור לומר לנכרי שיסכך לו סוכה ביו"ט, ואפילו במקום שאין לו סוכה אחרת כתב שחלילה לו להורות היתר בזה. ובסי' תרל"ז (סק"א) כתב שע"י עכו"ם אפילו נפל הסכך כולו ג"כ יש להתיר. וכבר נתקשו בסתירת דברי המ"ב. ומצאנו בזה ב' מהלכים, בספר וישב משה (ח"א ס' ל"ז) מחלק דאם הכין סוכה כשירה מעיו"ט אלא שנאנס ונפלה ביו"ט סמך על המתירים דהוא אונס גמור, משא"כ בסי' תרכ"ו מיירי שפשע ולא הכין סוכה מעיו"ט [והטעם לחלק בין פשע ללא פשע, הוא דהמ"ב בסי' תרל"ז שהקיל ע"י עכו"ם ציין לדברי שו"ת באר יצחק, והטעם שהתיר שם הוא עפ"י שיטת בעל העיטור שאמירה לעכו"ם מותר אפילו באיסור דאורייתא במקום מצוה, ואף שלא סומכין על שיטת בעל העיטור, מ"מ צירף את שיטת הראשונים (תוס' שבת צה.) דליכא מה"ת איסור בונה ביו"ט, דמתוך שהותרת לצורך, כגון במגבן, הותרה שלא לצורך, ממילא אפשר לסמוך על בעל העיטור דוקא במקום שלא פשע]. ויש שחילק (כן חילק הגרח"פ שיינברג בקוטנרס הספר), בין נפל סוכתו ביו"ט ראשון לנפל סוכתו אחר יו"ט ראשון, והוא עפ"י המבואר בפמ"ג (א"א ריש סי' שט"ו ד"ה שאלה) שכתב לענין נפלה סוכתו בסוכות, שאהל הקבוע לשמונה ותשע ימים הוי אהל קבוע ויש בו איסור תורה ולכן אם נפלה סוכתו ביום א' דסוכות אסור לתקנו אפילו ע"י עכו"ם, דדוקא שבות דשבות במקום מצוה מותר. ובזה מיירי המ"ב בסי' תרכ"ו שנפלה סוכתו ביו"ט ראשון, משא"כ המ"ב בסי' תרל"ז שהתיר ע"י עכו"ם י"ל דלא מיירי ביו"ט ראשון, והו"ל אהל הנעשה לפחות מח' ימים והוי אהל עראי שמותר ע"י עכו"ם דהוי שבות דשבות במקום מצוה. ואף שהמ"ב שם שהתיר ציין לשו"ת באר יצחק, והבאר יצחק לא התיר מטעם שבות דשבות וכנ"ל, צ"ל שהמ"ב התיר ולאו מטעמיה, ורק ציין לדבריו שגם הוא התיר ע"י עכו"ם. נמצא שלדרך א' אפילו נפלה סוכתו ביו"ט ראשון מותר לתקנו ע"י עכו"ם במקום שלא פשע כגון שנפלה באונס, ולדרך ב' אם נפל ביו"ט ראשון יהיה אסור. עוד נפק"מ אם נפלה סוכתו ביו"ט שחל בשבת, דלדרך א' יהיה אסור שהרי כל ההיתר הוא רק עפ"י הבאר יצחק, שביו"ט יש לצרף את דעת התוס' שאין איסור בונה מה"ת והו"ל שבות דשבות במקום מצוה, אבל בשבת שלכו"ע יש איסור תורה בבונה, אין להתיר אף ע"י עכו"ם. משא"כ לדרך הב' אפילו נפלה סוכתו ביו"ט שחל בשבת אם אינו לח' או לט' ימים יהיה מותר מאחר שאינו אהל קבוע.

kosher succah. Therefore, even if the s'chach was installed by someone who is exempt from the mitzvah of succah (such as a woman, a minor, or a non-Jew) it is kosher.[198] However, if the s'chach was placed by someone who is exempt, it is preferable that an adult Jewish male lift an area of the s'chach that measures one *tefach* by one *tefach* and place it again with the intention of building the succah for the mitzvah of succah.

Furthermore, some *poskim* maintain that, *lechatchilah,* the s'chach should not be installed by someone who is not obligated in the mitzvah, and they therefore advise that the s'chach should be installed by an adult Jewish male.[199]

According to these authorities, if the s'chach was installed by a non-Jew, a woman, or a minor, one should lift all of the s'chach and rest it back on the

198. שו"ע (סי' תרל"ה סע' א').

199. הפמ"ג (סי' תרל"ה מש"ז סק"א) כתב די"ל דאף דקטן אין לו מחשבה, מ"מ כאן דיש גם מעשה הוי מחשבתו ניכרת מתוך מעשה דמהני, וסיים בצ"ע. ובחלקת יואב (תנינא סי' ד'), ואבני נזר (או"ח סי' תע"ה) הכשירו סיכוך ע"י קטן. אמנם בבכורי יעקב (סי' תרל"ז סק"ב) והג' חכמת שלמה (כאן) החמירו שלא לסכך ע"י קטן. והטעם, דחיישינן לשיטת רבינו תם דס"ל דכל שאינו מחוייב בדבר, אין ראוי לתקנו. וכן יוצא על פי הבה"ל (סי' י"ד ד"ה להצריך), וכ"כ המ"ב (סי' תרמ"ט ס"ק י"ד) לענין אגד לולב ע"י כותי, ובבכורי יעקב הוסיף דכן הדין לענין קטן, וכן מבואר בבה"ל (שם). וכן החמיר בזה לכתחלה בשו"ת שבט הלוי (ח"א סי' קס"ה אות ב'). ומיהו, כל זה לענין הנחת הסכך, אבל הדפנות מותר לכל אחד לעשות כמ"ש הבכורי יעקב שם.

succah. Some suggest that it should be lifted one *tefach* off of the succah and then put back.[200]

Using Other People's Succah

In order to fulfill the mitzvah of succah, it is not required to own the succah that one is using. One can fulfill the mitzvah of succah by using someone else's succah. However, one should first ask permission before using someone else's succah if there is reason to believe the owner may mind (e.g., the succah contains items that could get ruined, it invades his privacy, or he may return while his succah is occupied). If one assesses that the owner will not mind, it is permissible to use the succah without express permission.[201] However, if the owner is available, one should always ask permission in advance.[202]

200. לענין כמה גבוה צריך להגביה הסכך כדי להכשירו, הנה, בשו"ת אז נדברו (חי"ג סי' ל"ח, וחי"ד סי' מ"א) מביא מהגר"ש סגל, שצריך להגביה ג' טפחים, וכן הוא בספר שלמי תודה (עמ' ק"ה) בשם הגר"נ קרליץ. אמנם בשו"ע הרב (סי' תרכ"ט סע' כ"ח) מבואר לענין הכשר סוכה של תעשה ולא מן העשוי, שצריך שיגביהנו מעט ולהניחה לשם צל, ולא כתב שיעור, ומשמע אפי' מעט. וכן הוא בספר סוכת חיים (עמ' רמ"ח) בשם הגרי"ש אלישיב והגר"ח קניבסקי שליט"א. ובשם הגר"מ שטרנבוך כתב שצריך להגביהו טפח. וכן הוא בספר שושנת ישראל (פ"ב) מהג"ר שלמה מילר שליט"א.

201. שו"ע (סי' תרל"ז סע' ב'). וכ' במ"ב (סק"ט) דיכול לבקש רשות מאשתו של בעל הבית. וכ' בכף החיים (ס"ק ט"ו) דאם יש סוכה מוצעת בכרים וכסתות נאות, ודאי מקפיד עליה ואפי' בשעה שאינו שם משום שחושש שיתלכלכו המצעות שלו.

202. כן שמעתי מהגר"ש פעלדער שליט"א.

Building Succah on Public Property

One should not build a succah on public property.[203] However, some *poskim* maintain that the above halachah applies only in a situation where the succah will interfere with the use of public walkways. If it does not pose a significant inconvenience (e.g., the succah juts out somewhat into the public path, but is not a significant obstruction), it is permissible.[204]

Other authorities are even more lenient and allow one to erect a succah on public property as long as one knows that the local municipality does not usually protest this conduct.[205]

If one did build a succah on public property and did not adhere to the above, he still fulfills the

203. רמ״א (סי׳ תרל״ז סע׳ ג׳).

204. הנה, המג״א (שם סק״ג) כתב דמה שנהגו קצת לעשות סוכה ברה״ר, שלא כדין הוא, דאף שישראל מוחלין, הרי יש לגוים חלק בה ואינן מוחלין. אמנם, המג״א בעצמו (בפירושו לתוספתא ב״ק פ״ו הל׳ י״ג) כתב שיש ללמוד מהתוספתא שהעושה סוכה ברה״ר אין בו משום גזל. וכבר העיר בזה בהגהות מקור חיים (על המג״א שם), ותירץ, דדוקא סמוך לפתחי חנויותיהן או סמוך לביתו שאינו מזיק לרבים כ״כ דהוי כמו צידי רה״ר מותר דלב ב״ד מתנה עליהם. אבל ברה״ר גמור שמזיק לרבים העוברים שם תדיר אסור. ועי׳ גם בחי׳ חת״ס (סוכה לא.) שחילק בין אמצע רה״ר שהוא מקום מעבר לרבים, לבין פתחי בתים, אך חילק כן דוקא בא״י. וגם הבה״ל (ד״ה וכן) הזכיר חילוק זה דדוקא בשוקא במקום שמצוי עוברים ושבים ומפסיק עליהם הדרך, אבל לא במי שמסכך בצדי רשה״ר סמוך לפתח ביתו. ומסיק דסוף דבר הנוהגים להקל בזה אין למחות בידן כי רבו המתירין.

205. בכורי יעקב (סק״ו).

mitzvah, but should use it only if no other succah is available.[206]

The Succah Walls

A succah must have a minimum of three walls[207] and must create an enclosed area that is a minimum of seven by seven *tefachim* — about 27 inches by 27 inches.[208] The walls may be constructed from any material (as long as it does not have a foul odor)[209] and does not need to provide shade for the succah.[210] For this reason it is permitted to construct a succah with many windows in the walls.

The minimum height of the walls must be ten *tefachim* — about three feet from the ground. Once the walls are minimum height, they do not need to extend up until the s'chach (although there may be empty space between the walls and the s'chach, there can be no obstruction in that space).[211]

---

206. מ"ב (סק"י).

207. שו"ע (סי' תר"ל סע' ב'). וכדביאר המ"ב (שם סק"ו). ולהלכה למשה מסיני, דופן השלישי אינו צריך להיות דופן שלם אם שני הדפנות סמוכות אהדדי כמין גא"ם, אלא סגי במעט יותר מטפח, והוא שמעמידו בפחות מג' טפחים לאחד מהדפנות, וכל פחות משלשה כלבוד דמי, ונמצא שיש כאן ד' טפחים של דופן שהוא רוב דופן מהכשר סוכה שהוא ז' טפחים. וכדי להשלים שיעור כל הדופן, יעשה עוד צורת הפתח עד סוף הכותל כשנגדו שמחזיק ז' טפחים, עיי"ש במ"ב פרטי הדינים.

208. כל השיעורים של טפחים הוא ע"פ דעת האג"מ (או"ח ח"א סי' קל"ו).

209. רמ"א (סי' תר"ל סע' א').

210. שו"ע (שם סע' א').

211. שו"ע (סע' י'). והטעם ביאר במ"ב (מ"ג) דאמרינן גוד אסיק מחיצתא והוי

Lavud Walls

Succah walls need not be solid; one can construct a "wall" by having a series of vertical or horizontal poles or tautly stretched straps, each installed within three *tefachim* of the adjoining one. This concept is called *lavud,* annexed; this means that if there is a gap of less than three *tefachim* between two sections of wall, *lavud* considers the gap as if it were closed with solid material.[212] However, when using this method, the succah must be constructed of four walls.[213] *Lechatchilah*, one should not rely on creating walls using *lavud,* since it is a complex area of halachah.[214]

Canvas Walls

Succah walls must be sturdy, such that the walls will not sway back and forth from an ordinary wind.[215] If

כאילו המחיצות מגיעות לסכך.

212. מ"ב (סק"ז). ובמקום שכל דפנות הסוכה נעשים ע"י לבוד, בעינן שיעשה דוקא ד' דפנות. אבל אם רוצה לעשות רק ג' דפנות, בעינן שתי מחיצות שסמוכות זה לזה ושלמות, והשלישית טפח.

213. שם. ועי' חזו"א (הל' עירובין סי' ע"ה ס"ק י"ד) מה שמפלפל בזה.

214. רמ"א (סי' תר"ל סע' ה').

215. בגמ' סוכה (כד:) איתא דכל מחיצה שאינה יכולה לעמוד ברוח מצויה, אינה מחיצה, וכן פסק השו"ע (סי' שס"ב סע' א', וסי' תר"ל סע' י'),ומבואר במ"ב (ס"ק מ"ח) ובחזו"א (או"ח סי' ע"ז סק"ו) ע"פ רש"י שם, דהיינו אפי' אם אין בכח הרוח להפיל אותה לגמרי, רק שע"י הרוח הולך המחיצה ובא, לא חשיבא מחיצה.

the walls would sway in an ordinary wind, they are invalid even when no wind is blowing. There is disagreement among *poskim* as to how much swaying invalidates the walls:

1. Some authorities maintain the lenient position that walls which sway in the wind are invalid only if an ordinary wind would lift the bottom of the walls off the ground three *tefachim*, or if it would sway the top of the walls three *tefachim* from the s'chach.[216]

2. Most authorities take a more stringent approach and maintain that a wall which sways in the wind is invalid even if the walls are secure on the top and bottom.[217] There are two general opinions as to how much swaying invalidates the walls:

   a. Some maintain that even minimal swaying in the wind invalidates the walls (i.e., even swaying over a span of less than three *tefachim*).[218]

---

216. תוספת שבת (סי' שס"ג סק"ט), וכן צידד הפמ"ג (שם א"א סק"ד), וכן נקט החזו"א (או"ח סי' ע"ז סק"ו) דפסול מחיצה היינו דוקא באופן שתתבטל כשרותה ע"י נדנודה.

217. במועדים וזמנים (סי' פ"ב) כתב דכן הוא סתימת הראשונים, ושכן הוא במג"א (סי' שס"ג סק"ד), דאפי' אם לא תתבטל הדופן ע"י נדנוד הרוח, פסול. וכן כתב בהליכות שלמה (פ"ז סע' א') שמלשון כל הראשונים ומלשון הפוסקים והמ"ב (ס"ק מ"ח) משמע דכל שהמחיצה הולכת ובאה, פסולה.

218. הנה בערוך השלחן (סי' שס"ג סע' ח') כתב לענין מחיצה דשבת, דדוקא נדנוד חזק כענפי אילנות שמתנדנדים הנה והנה בלא הפסק לא הוי מחיצה, אבל נדנוד מועט לא חיישינן לה, וגם במועדים וזמנים (שם) כתב דאם קשר כפי

b. Others assert that it is rendered invalid only if the walls sway back and forth over a span of three *tefachim*.[219]

Lechatchilah, one should construct the succah in such a fashion that there is the least possible swaying of the walls.

Note that the above halachah applies to the minimal required height of a wall, which is ten *tefachim* from the ground. If the lower ten *tefachim* of a wall are secure and the wall above that point sways in the wind, the succah is kosher.[220]

In light of the above, a succah constructed from canvas walls could be problematic, since the walls will likely blow back and forth in the wind. Therefore, in this instance, one should install *lavud* straps or poles (see above) for the bottom ten *tefachim* of the succah walls. This is most commonly executed by tightly wrapping straps around the perimeter of the succah walls, each strap within three *tefachim* of the next. In this way, the straps, which are halachically considered walls, will not sway in the wind.

הצורך למעלה ולמטה אף שנע קצת ברוח כשר הוא, שזהו דרך המחיצה, דמחיצה דסוכה בעינן כדרך מחיצה, והשיעור הפוסל היינו שנע יותר מכדרכה. ועי' בהליכות שלמה (פ"ז דבר הלכה א') בשם הגרשז"א דאפילו אם המחיצה נעה כלשהו קיי"ל דשוב לא הוי מחיצה.

219. שו"ת אג"מ (או"ח ח"ה סי' מ' אות ב').

220. מ"ב (ס"ק מ"ט).

Some *poskim* maintain that even if the canvas walls are taut and not swaying in the wind, one should not, *lechatchilah,* use a canvas succah.[221] Therefore, when constructing walls from canvas and the like, it is preferable to install *lavud* straps.[222]

221. שו"ת אג"מ (או"ח ח"ה סי' מ'). והטעם, כמש"כ השו"ע (סי' תר"ל סע' י') דאין נכון לעשות כל המח'צות מיריעות של פשתן בלא קנים אע"פ שקשרן בטוב, זמנין דמנתקי ולאו אדעתיה, והו"ל מחיצה שאינה יכולה לעמוד בפני רוח מצויה. ועוד כתב, דאף שבזמנינו אפשר לומר שהבד עבה ואין חשש שמא יתנתק, אין לסמוך ע"ז מאחר שלא מצינו חילוק זה מפורש, וכן הוא במועדים וזמנים (ח"א סי' פ"ד) וקובץ הלכות (פ"ד סע' ד').

222. כן שמעתי מהגר"ש פעדלער שליט"א, דדוקא כשקשור ע"י קשר ועניבה חיישינן דלמא מנתקי, ולא כשנעשים ע"י רצועות המיוחדות לכך.

CHAPTER EIGHT

ESROG

Arba Minim Overview

The Torah uses very precise language when describing the mitzvah of the Arba Minim (Four Species). The framework of what constitutes kosher Arba Minim is derived from the following *pasuk* (*Vayikra* 23:40):

וּלְקַחְתֶּם לָכֶם בַּיּוֹם הָרִאשׁוֹן פְּרִי עֵץ הָדָר כַּפֹּת תְּמָרִים, וַעֲנַף עֵץ עָבֹת, וְעַרְבֵי נָחַל.

> *You shall take for yourselves on the first day the fruit of a citron tree, the branches of date palms, twigs of a braided tree, and brook willows.*

The word וּלְקַחְתֶּם, *and you shall take*, teaches us the concept in halachah known as לְקִיחָה תַּמָּה, *a complete taking*, which prescribes that the Arba Minim need to be complete, not missing anything. When there is something missing, it is called *chaseir*, missing, the details of which will be discussed below.

Furthermore, the word הָדָר, *beautiful*, teaches us that the one should choose a "beautiful" set of Arba Minim. When we refer to beauty in this context, it refers specifically to characteristics that are mentioned in halachah that define "beauty" in regard to the Arba Minim.

There are a number of other categories of deficiencies; however, most deficiencies fall under one of these two categories.

The Esrog

The Torah states (ibid.), וּלְקַחְתֶּם לָכֶם פְּרִי עֵץ הָדָר, *You shall take for yourself a beautiful fruit*. Chazal teach us that the fruit referred to in the Torah is an esrog, citron. The esrog is indeed a magnificent fruit; however, halachah defines in great detail what constitutes a "beautiful" esrog, and it is important to understand these details when choosing an esrog to fulfill the mitzvah.

Breed

First and foremost, an esrog must be bred exclusively from the esrog species, and it may not be the result of a hybrid between an esrog and another species. One must therefore be certain to purchase an esrog that is reputably certified to ensure that it is truly an esrog.[223]

223. מ"ב (סע' תרמ"ח ס"ק ס"ה).

Choosing a Beautiful Esrog

When selecting an *esrog mehudar,* a beautiful esrog, one must first ensure that the basic elements of the esrog are kosher without question and only then consider factors that are esthetic *hiddurim* (enhancements).[224] There are a wide variety of defects that can invalidate or detract from the halachic beauty of an esrog, as detailed throughout this chapter, and it is important to understand these parameters when selecting an esrog. (Since the basic list of *hiddurim* is short, while the discussion of disqualifications is lengthy, we will first list the *hiddurim.*)

Hiddur Mitzvah

In general, the amount one is required to spend to enhance a mitzvah is up to one third more than the base cost of the item. This is called *hiddur mitzvah,* beautifying a mitzvah. For example, if one can find a kosher esrog for thirty dollars, but there are nicer esrogim within a large range of cost, one would be required to spend up to at least forty dollars for a nicer esrog. This halachah applies to all of the Four Species. However, if one already purchased Arba Minim, he is not required to purchase another set for the purpose of *hiddur mitzvah.*[225]

224. חיים וברכה (אות ה׳ ס״ק ס״ד) בשם הלבושי שרד בספרו כד הקמח.

225. שו״ע (סי׳ תרנ״ו סע׳ א׳). ואם כבר קנה אתרוג ואין המוכר רוצה להחליפו

An Ideal Esrog

The following is a list of criteria that constitute the ideal esrog, once one has ensured that no disqualifying defects are present:

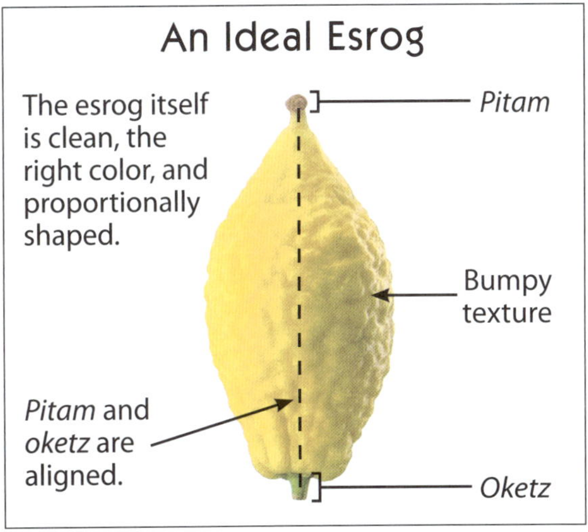

1. **Completely Clean:** An *esrog mehudar*, a halachically beautiful esrog, should be as clean as possible from any blemishes, even those which

באתרוג מהודר ע"י שיוסיף דמים, לכו"ע אינו מחוייב לקנות אתרוג שני (מ"ב סק"ד). ואם המוכר נותן לו להחליפו באחר, נחלקו הפוסקים (במ"ב סק"ה) אם חייב להוסיף דמים ולהחליפו. ונראה דיש להקל בזה מאחר שיש לצרף לזה דעה ראשונה בשו"ע דס"ל דליכא דין לקנות אתרוג מהודר אם הראשון הוא יותר מכשיעור, וכתב הבה"ל שכן הוא דעת השו"ע לדינא.

do not invalidate the esrog, such as *blettel* spots (see "Blettel — Scabbing," below).[226]

2. Color: The color of the esrog should be either yellow or light green.[227]

[8.1]

An esrog whose *pitam* and *oketz* are not aligned.

3. Shape: An esrog should be oblong in shape; wider toward the bottom and narrower at the top. A completely round esrog is *pasul*.[228] Some have the custom to prefer an esrog with a "gartel," where the esrog has a narrow "belt" in middle.

4. Alignment: Some *poskim* maintain that it is a *hiddur* for the *pitam* to be aligned with the *oketz* of the esrog [8.1].[229]

226. תפארת ישראל (שם). ובספר חיים וברכה (אות ה' ס"ק ס"ה) ביאר כוונתו דר"ל שגם בלעטיל לא יהיה בו.

227. שו"ע (סי' תרמ"ח סע' כ"א) ומ"ב (ס"ק ס"ה). וז"ל שו"ע הרב (סע' ל') בד"א כשמראיהו ירוק כעין כרכום שקורין גע"ל כדרך כל האתרוגים שנגמר פרים, או אפי' שאין כולו ירוק ככרכום, שמקצתו התחיל להוריק ככרכום שזהו סימן שנגמר פריו וסופו להוריק כולו בתלוש כשישהו אותן זמן מרובה. אבל אתרוגים הבאים לפנינו כשהן עדיין ירוקין כעשבי השדה שקורין גריי"ן, יש לחוש שמא עדיין לא נגמר פרים ולכך הן ירוקין.

228. בשו"ע (סי' תרמ"ח סע' י"ח) כתב דעגול ככדור פסול.

229. תפארת ישראל (סוכה פ"ג מ"ו אות ל"ז) הובא בחיים וברכה (אות ס"ה).

5. **Texture:** The surface of the esrog should be bumpy, not completely smooth like a lemon.[230]

6. **Pitam:** Some are of the opinion that it is a *hiddur* to use an esrog that has a *pitam* rather than one that never grew with one.[231]

7. **Oketz:** The *oketz* on the bottom should be somewhat depressed into the esrog.[232]

The Disqualifications of an Esrog

When discussing disqualifications or "beauty" of an esrog, there is a difference between the esrog's four different sections. As an introduction to the following halachos, it is important to understand the following definitions.

1. **Base:** The base of the esrog extends from the bottom of the esrog until the *chotem*.

2. **Chotem:** The *chotem* refers to the upper part of the esrog where it begins to slope inward, up until the *pitam*.

230. שם.

231. בכורי יעקב (ס"ק כ"ה). ומטעם אחר יש הידור לקחת אתרוג שיש לו פיטם, כמש"כ בקונטרס שיעורי הלכה דהרי יש המפקפקים על האתרוגים שהפיטם שלהם נפלו בעודם על האילן, וכיון שלא בכל פעם ניתן להבחין אם לא היה לו פיטם מעולם או שהיה לו ונפל, לכן הוי הידור ליקח אותו שיש לו פיטם.

232. תפארת ישראל (סוכה פ"ג מ"ו אות ל"ז) הובא בחיים וברכה (אות ס"ה).

3. **Pitam:** The *pitam* is a woody piece that protrudes above the esrog.

4. **Shoshanta:** The *shoshanta* is a brown crown-like piece that sits at the very top of the *pitam* [8.2].

[8.2]

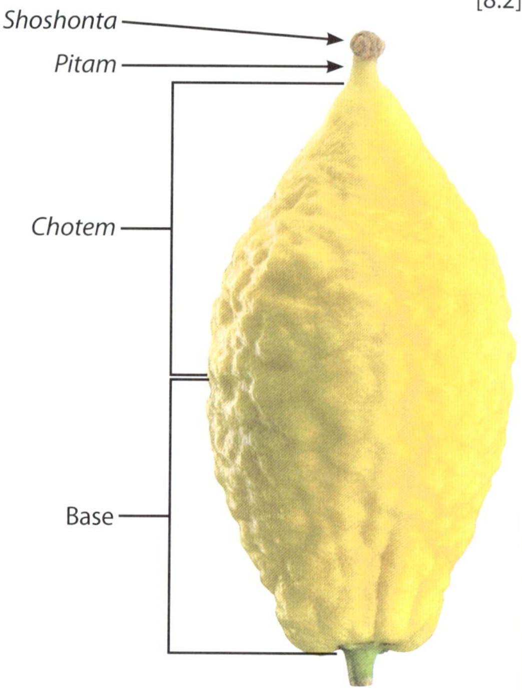

Punctures and Gouges

Chazal derive from the verse of וּלְקַחְתֶּם לָכֶם that the esrog must be a לְקִיחָה תַּמָּה, *complete taking*, meaning that the esrog must not be missing any part of the fruit.[233] Therefore, if there is a puncture or gouge in the esrog, it may affect its kosher status. It is important to note that the halachos regarding punctures and gouges do not apply on Chol HaMoed.[234]

By way of introduction, an esrog has three layers of peel that surround the inner fruit. First there is a very thin transparent outer layer of skin. The second peel is a slightly thicker layer. The third and innermost peel is a thick white rind. Inside of that is the pulpy flesh of the fruit and the seeds [8.3].[235]

Lechatchilah, an esrog may not be punctured with a hole that reaches the inner section, where the fruit is,[236] and may not be missing any part of the second layer of skin.[237] However, if some of the

233. כן הוא שיטת רש"י (סוכה לו:). והריטב"א ביאר הטעם משום שאינו נקרא 'הדר'.

234. שו"ע, ורמ"א (סי' תרמ"ט סע' ה').

235. שער הציון (ס"ק כ"ז).

236. מ"ב (ס"ק י"ג).

237. וכן יש להחמיר בניקב רחב כאיסר אפי' לא חסר ממנו כלום וגם אינו מפולש (רמ"א סע' ב'). אמנם לענין יו"ט שני מביא המ"ב (סק"ח) בשם המאמר מרדכי דשפיר דמי לברך עליו כל שאינו מפולש ואינו חסר בכאיסר. והטעם

[8.3]
The Layers of an Esrog

outer transparent first layer is missing, it does not affect the esrog (unless those areas became discolored; see "Peeled Skin," below).[238]

In extenuating circumstances, one may be lenient if a hole pierces into the inner fruit, even if there is

ביאר בשעה"צ (אות י'), דאף דמבואר בסי' תרמ"ט ס"ה דפסולי ראשון נוטלין בשני בלא ברכה, הכא דבלא"ה יש דעות דכשר אפילו ביום א', מקילינן לגמרי בשני, עכ"ד.

238. כ"ה שיטת המ"ב (שעה"צ ס"ק כ"ז) ובה"ל (ס"ב ד"ה ואם) דדוקא בנחסר מקליפה העליונה שהוא דק מאד אינו משווהו לאתרוג חסר. אבל דעת הח"א (כלל קנ"א ס"ה), שו"ע הרב (סט"ו), וחזו"א (או"ח סי' קמ"ז סק"א) הוא דפסול חסר היינו דוקא כשחסר מהאוכל והוא קליפה הג' שהוא בשר הלבן.

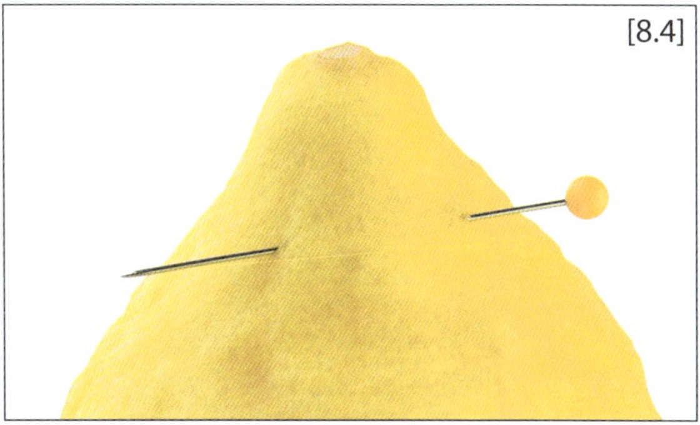

[8.4]

some part of the esrog missing as a result, or if the hole pierces through both sides of the esrog and is not missing any part of the esrog [8.4].[239] In all these cases, an experienced Rav should be consulted.

Even a hole that was created while the esrog was growing on the tree, caused by a thorn or the like, may invalidate the esrog and is subject to the above guidelines. However, if a new layer of skin grew on top of the punctured area, it is kosher.[240]

It is important to note that one only needs to reckon with a puncture or gouge that is visible to the naked eye, albeit with careful examination, but

239. כ"ה עפ"י הרמ"א (ס"ב) ומ"ב (סקי"ד). ובאופן זה מותר אף לברך עליו כמ"ש המ"ב (סקי"ב וסקי"ד).

240. רמ"א (סע' ב'), ומ"ב (סק"י). ואם יש ספק בזה, אזלינן לקולא כל שאין הפילוש מעבר לעבר (מ"ב ס"ק י"א).

without the need of a magnifying glass. This is in contrast to a deficiency in the esrog's beauty, discussed below, which is only problematic when one can see the blemish *without* careful examination using the naked eye.[241]

Peeled Skin

If the esrog is peeled (with the peeled area discolored) in more than one area, even if those areas are minute, it should not be used *lechatchilah*. If the esrog is peeled (with the peeled area discolored) contiguously, one should not use it if more than half the surface of the esrog is peeled. Additionally, if the peeled/discolored section is on the *chotem* (i.e., at the top section of the esrog, once it begins to slope inward), one should not use such esrog even if only one spot is affected.[242]

In extenuating circumstances, so long as the peeled areas did not change colors to white or black, and even if the *chotem* is partially peeled, it is kosher[243] [8.5].

241. מבואר בכתבי רע"א (שנדפסו בסוף ספר דרוש וחידוש) דאע"פ שבפסול הדר אינו פסול אא"כ נראה לעין כשאוחזו בידו בלי שימת עין, הכא בפסול חסר פוסל אפי' אם אפשר להכירו רק ע"י שימת עין. אך בדרך אמונה (הל' שמיטה ויובל פ"ד ס"א בבאור הלכה ד"ה בין) כתב דאין צריך לחוש לה אם נראה רק ע"י זכוכית מגדלת, דלא ניתנה תורה למלאכי השרת.

242. מ"ב (סי' תרמ"ח ס"ק כ"ד – כ"ו).

243. שם (ס"ק כ"ו), ושער הציון (סק"ל).

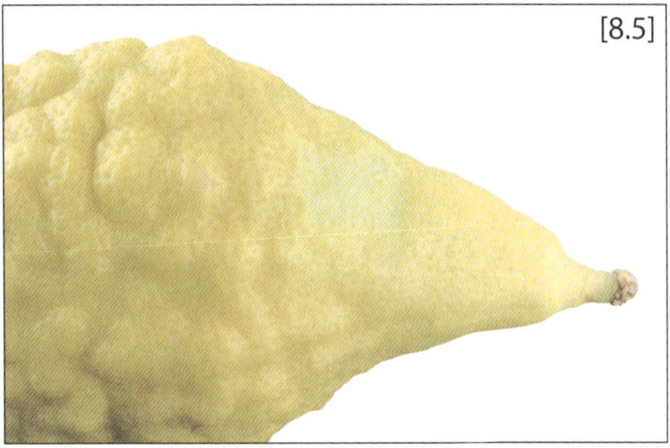

[8.5]

Pitam Fell Off

The very top of the esrog often has a little stem called a *pitam*. If the *pitam* completely fell off, the esrog is *pasul*. *Lechatchilah* one should not use an esrog if any part of the *pitam* fell off. In extenuating circumstances, as long as a sliver of stem remains above the top of the esrog, it is kosher.[244] Additionally, on Chol HaMoed, in extenuating circumstances, one can use such esrog even if the entire *pitam* fell off, such that there is a hole in place of the stem.[245]

---

244. שו"ע (סע' ז'), ומ"ב (סק"ל) וכדעת המג"א שם.

245. מ"ב (סי' תרמ"ט ס"ק ל"ו). אך לענין ברכה הביא שיש מפקפקין בזה. אכן כתב דאם מצטרף עוד ספק בזה אם נקרא ניטלה פטמתו, אפשר להקל בזה.

Grew Without Pitam

All esrogim have a *pitam* when they begin to grow. An esrog whose *pitam* fell off at an early stage of its growth is kosher, because its lack of a *pitam* is a natural part of the growth process and therefore cannot not be considered *chaseir,* missing, or lacking in *hadar*, beauty.[246]

There is a disagreement among *poskim* if an esrog whose *pitam* fell off during a late stage of growth is valid. If even a small sliver of *pitam* was left on top, one may be lenient.[247]

Esrogim without a *pitam* that bear reliable certification are of the kind that lost their *pitam* early in the growing process and are kosher *lechatchilah* according to all opinions.

---

246. רמ"א (סי' תרמ"ח סע' ז'), ומ"ב (ס"ק ל"ב).

247. בספר כשרות ארבעת המינים (עמ' כ"ז) מובא בשם הגרש"ז איערבאך זצ"ל דאם נפל הפיטם בעוד האתרוג על העץ, אם סיבת נפילתו מכח טבעי, כשר. וגם בשבט הלוי (ח"א סי' קע"ז) לימד זכות על המקילין בזה. ואם נפל מכח מכה, עדיין אפשר להכשירו אם הוגלד מקום הפיטם (כשרות ד' המינים שם). אמנם בקונטרס שיעורי הלכה (להגר"ש פעלדער שליט"א) הובא מהגר"ח אברמסקי, הגרי"ז, הגרי"ש אלישיב, קנה בשם, והגרח"פ שיינברג להחמיר בזה. וכתב דהיכא שנשאר קצת עץ למעלה בראש האתרוג, ודאי יש להקל כיון שבזה ס"ל לרוב האחרונים דכשר אף אם היה לו פיטם וניטל, וא"כ באופן זה שנפל בשעת גידולו ודאי יש להכשיר.

Oketz Fell Off

The bottom stem of the esrog, where it is attached to the tree, is called the *oketz*. If the *oketz* falls off, as long as there is no hole in place of the *oketz* and a small sliver of stem remains, the esrog is kosher.[248]

Black Dots & Chazazis

Black dots on the esrog may impact the beauty and consequently invalidate the esrog, because it lacks in הָדָר, *beauty* [8.6]. Some black dots can be easily removed, in no way damaging the outer layer of the esrog's peel; these pose no halachic problem at all. Additionally, many times black dots may appear on the esrog from pesticide treatments; those dots are external to the esrog and do not invalidate the esrog.[249] Since ex-

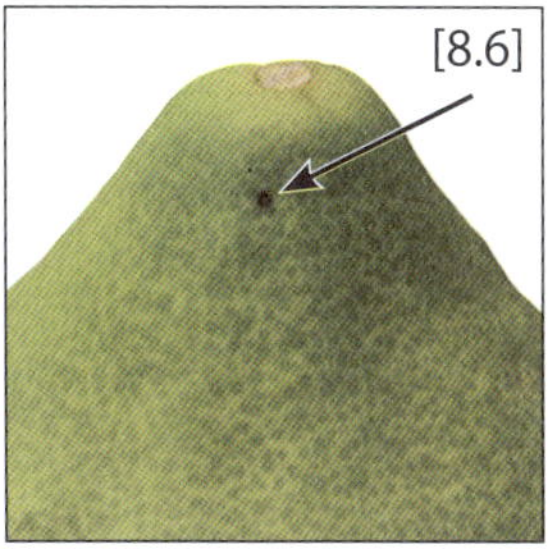

248. שו"ע (סעי' י"ב), ובה"ל (ד"ה ממקום).

249. במ"ב (סי' תרמ"ח ס"ק מ"ט) כתב לענין חזזית דדוקא כשנולד מעצמות האתרוג אבל מה שנעשה מקומו עקום ואדום מחמת שעוקצים אותה קוצים, כשר. וביאר בבה"ל (ד"ה אבעבועות) דרק מה שנעשה מחמת עיפוש הפרי פוסלו, אבל מה שנעשה אדום מחמת קוצים וכדו' אינו פוסלו. ובארחות רבינו (ח"ב עמ' רע"ד) מובא בשם הסטייפלער, לענין נקודות שחורות שהודבקו מחמת גורם חיצוני כגון ריסוס, שאינן פוסלות. וגם בהליכות שלמה (פ"י ה"כ בארחות הלכה אות 74) הובא שהגרש"ז אויערבאך לא חשש לנקודות אלו

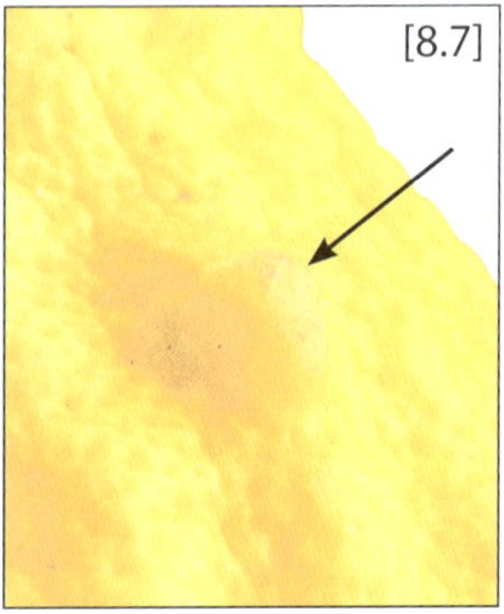

pertise is required to discern between these various scenarios, an experienced Rav should be consulted. Regarding brown spots, see "Blotchy Coloring," below.

Likewise, a *chazazis*, an irregular raised growth on the esrog, which presents as something that looks like a wart or bubble, may invalidate the esrog because it lacks in *hadar*.[250] Often, however, what looks like a bubble is actually a natural bump of the esrog [8.7]. Here too, an experienced Rav should be consulted.

To affect the status of an esrog, a *chazazis* or black dot must be visible to the naked eye without the need for a magnifying glass or careful examination.[251] In order to determine the visibility of this

אע"פ שהרבה מהם מתהווים ע"י ריסוס, ויתכן שנחסר שם כלשהו, כיון דאין החסרון נראה לעין. ומבואר שלא חשש לנקודות שחורות אלו.

250. שו"ע (סע' י"ג).

251. מ"ב (ס"ק מ"ו). ועי' בדרך אמונה (הל' שמיטה ויובל פ"ד ס"א בבאור הלכה ד"ה בין) שכתב דאין צריך לחוש לחסר אם נראה רק ע"י זכוכית מגדלת, דלא ניתנה תורה למלאכי השרת. ובארחות רבינו (ח"ב עמ' ער"ב) מובא בשם הסטייפלר שאתרוג שמצוי בו נקודות שחורות זעירות בחוטמו, ומורגש רק לאחר הסתכלות, כשר.

blemish, it is sufficient to hold the esrog at the same distance that one would normally hold the esrog when fulfilling the mitzvah.[252]

Location of the Black Dots or Chazazis

As noted, black dots and *chazazis* growths can potentially invalidate an esrog. A critical factor is where on the esrog they are found, as detailed below:

1. **On the Base:** Two or more black dots or *chazazis* growths found on the base of the esrog may invalidate the esrog, depending on the exact nature of the dots and where on the base they are located. An experienced Rav should be consulted.[253]

2. **On Chotem:** The *chotem* is more visible to the eye and as a result, blemishes on that area are

252. בשעה"צ (ס"ק מ"ט) כתב שאם אינו נראה מרחוק אינו פוסלו. וביאר הגר"ש פעלדער (בשיעורי הלכה) כמש"כ בפנים.

253. בשו"ע איתא (סע' ט') עלתה חזזית בב' ובג' מקומות פסול. ואפי' במקום אחד, אם עלה על רובו פסול. ועוד הביא (סע' י') די"א דהא דבב' וג' מקומות פסול היינו דוקא כשנתפשט הנימור ברובו, אע"פ שהוא מיעוט שטח האתרוג. והביא המ"ב (ס"ק מ"ב) שכן פסקו הלבוש, והא"ר, ושכן משמע בפמ"ג. וכתב המ"ב (ס"ק מ"א) בשם המג"א דאם נתפשט החזזית בצד השני של האתרוג, מקרי רובו אע"פ שאינו רובו של כל שטח האתרוג. אולם, החזו"א (סי' קנ"ז סקה"ה ד"ה ספק) נחלק עליהם וס"ל דבכה"ג אינו פוסל.

more apparent and detract from the beauty to a greater degree. Therefore, depending on the type of dot, even one small black dot or *chazazis* found on the *chotem*[254] might invalidate the esrog.[255] Many *poskim* maintain that the black dots that are common on esrogim do not disqualify the esrog. In this case too, an experienced Rav should be consulted.

3. **On the Pitam:** A black dot or a *chazazis* found at the very bottom of the *pitam* may disqualify an esrog.[256] If it is found anywhere above the bottom of the *pitam* up until the *shoshanta*, there is disagreement as to the status of the esrog. In all these cases, an experienced Rav should be consulted.[257]

4. **On Shoshanta:** If a black dot or *chazazis* is found on the *shoshanta*, it is kosher.[258]

---

254. שו"ע (סע' י"ב).

255. שו"ע (סע' ט', וי"ב).

256. בה"ל (סע' י"ב ד"ה ממקום שמתחיל לשפע), ועי' בספר כשרות ארבעת המינים (עמ' ל"ד).

257. בספר חיים וברכה (אות רנ"ט, ורס"א) הביא מהמהרש"ם (ח"ז סי' קס"ז) דאם נמצא חזזית מעל חלק המשהו הבולט מן האתרוג, דכשר, דהרי שם מעיקר הדין כשר גם כשנשבר הפיטם לגמרי, א"כ גם מראה שחור וחזזית לא יפסול. וכן הוא באשל אברהם (תנינא ריש סי' תרמ"ח), וכעין סברא זו הביא מהגר"ח, אך לא החליטו כן לדינא. ובספר ארבעת המינים השלם (שם) העלה דיש להדר שלא יהיה נקודות ממראה פסול על עץ הפיטמא, וכן פסק הגר"ש פעלדער שליט"א (בקונטרס שיעורי הלכה) להחמיר בזה.

258. ארבעת המינים השלם (ח"א מילואים לדיני אתרוג אות ע"ג) בשם חיים וברכה.

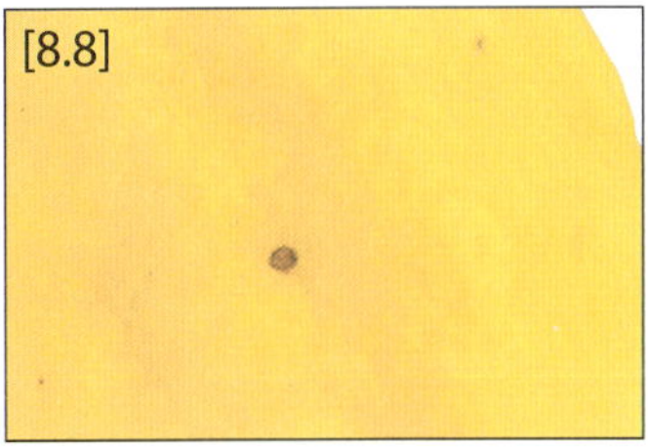

[8.8]

Green or Brown Dots

An esrog that contains green or brown dots is kosher [8.8].[259]

An Esrog That Is Dark Green, Black, or White

An esrog that is completely dark green because the esrog is not fully ripe is invalid. Therefore, one

259. הנה, בשו"ע (סי' תרמ"ח סט"ו) איתא שמנומר באתרוג פסול, וז"ל המ"ב שם (ס"ק נ"ה), י"א דדוקא אם הוא מנומר בגוונין הפסולין כגון חזזית או שחור או לבן או ירוק כעשבי השדה ודינו כמו שכתוב לקמיה בסט"ז. וי"א דאפילו אם הוא מנומר בהרבה מראות כשרות ג"כ עכ"פ אינו בכלל הדר ופסול והטעם בכל זה משום דאינו הדר, עכ"ל. [ובשעה"צ (ס"ק ס"ב) הביא דעת הגר"א שמיקל בזה וכתב שכן הוא משמעות השו"ע ובסוף הביא הבכורי יעקב, והמעיין שם יראה שהחמיר בזה]. ובבכורי יעקב (סקמ"ד) כתב שלפי"ז אתרוג צהוב עם כתמים ירוקים בהירים שאינו ירוק הדומה לעשבי השדה, יש לחוש לשינוי מראה לדעה השניה. ונמצא לפי"ז דהרבה אתרוגים שבזמנינו יש לחוש על כשרותם. אמנם, בספר אשרי האיש (פל"א ח"ג סכ"ג) מובא מהגרי"ש אלישיב זצ"ל להקל בזה, משום שזה מראה הרגיל, ולכך אינו נחשב לשינוי מראה. וכן הוא בחוט השני (סוכות עמ' רפ"ב) שנהגו להקל בזה, ואפשר לסמוך ע"ז ולברך עליהם. וביאר זאת, שנימור הוא גדר של חסרון ופגם באתרוג, ואתרוג המצהיב אינו פגום, אלא טבעו הוא שכשמצהיב עושה זאת בהדרגה. והנה, כל זה הוא לענין נקודות ירוקות, אבל בנקודות בצבע חום, צ"ל שסומכין העולם על דעה ראשונה שמובא במ"ב דמנומר במראות כשירות כשר. וכן פסק הקהילות יעקב (ארחות רבינו ח"ב עמ' ער"ב) וכדעת הגר"א הנ"ל, ועפ"ז מכשיר מראה חום באתרוג. אך עיי"ש מה שהביא בשם החיים וברכה. וסברא נוספת להכשיר מראה חום הוא, דמאחר שהוא דבר הרגיל בזמננו, א"כ נחשב שהוא מראה אתרוג, וסמכינן על סברא זו רק במראה חום ששנוי במחלוקת ולא במראה שחור שפסול לכו"ע [ראה שושנת ישראל בשם הגרמ"פ].

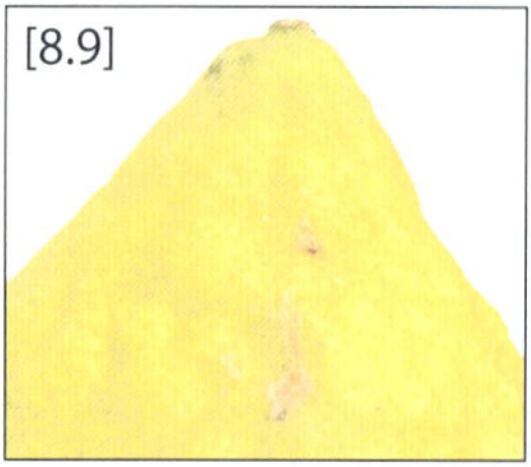

[8.9]

should not use a dark green esrog unless it has started to turn somewhat lighter green or yellow, which would indicate the fruit is fully ripe.[260] A white or black esrog is *pasul* because it is not considered הָדָר, *beautiful.*[261]

Blettel — Scabbing

A *blettel* (lit., leaf, in Yiddish) is the term used for a brown or tan scabbing of the skin that is caused by a leaf rubbing against the esrog while it is growing on the tree [8.9].[262]

A *blettel* that is not raised is kosher, even though the area of the *blettel* feels different from the rest of the esrog. However, if the *blettel* is raised, it may have the same status as a *chazazis* (See "Black Dots & Chazazis"). In extenuating circumstances, one may be lenient even if it is raised. An experienced Rav should be consulted. It is worth noting that unless the *blettel* is significantly raised, some opine that it does not have the status of a *blettel.*[263]

260. שו"ע (סי' תרמ"ח סע' כ"א) ומ"ב (ס"ק ס"ה).

261. שו"ע (סי' תרמ"ח סע' ט"ז).

262. כ"כ המבי"ט (שו"ת סי' מ"ט).

263. הנה, ברמ"א (סי' תרמ"ח סע' י"ג) הכשיר בלעטיל שהיא גבוהה משאר

Some *poskim* maintain that it is a *hiddur mitzvah* to use an esrog that does not have any *blettel* spots.[264]

Size

The minimum size of an esrog is a *kebeitzah* — the halachic size of an egg, which is approximately 2.2 fluid ounces. It is a *hiddur mitzvah,* beautification of the mitzvah, to use an esrog that is at least double the above size [8.10].[265]

[8.10]

This esrog is smaller than the minimum size.

האתרוג, והביא שיש מכשירין אפי' אם הם גבוהים כיון דרגילין להיות כך. וכתב המ"ב (סק"נ) דאין להקל בגבוהים כי אם בשעת הדחק. אמנם בארחות רבינו (ח"ב עמ' ער"ב) מובא שהסטייפלר היה מכשיר הבלעטלך אף כשהיה גבוהים קצת, והיה אומר להרמ"א זה כשר. ועוד אמר, שכל בלעטיל מורגש קצת במישוש היד, וכוונת 'גבוהים' היינו כעין פצע שבולט מהאתרוג.

264. בפמ"ג (סי' תרמ"ח סוף סע' י' בא"א) כתב וז"ל אשרי מי שיוכל ליקח אתרוג נאה, הדר ונקי מכל. ובספר חיים וברכה (אות ה' ס"ק ס"ה) ביאר כוונתו דר"ל שגם בלעטיל לא יהיה בו. וכן הוא פשטות לשון החיי אדם (כלל קנ"א סע ח').

265. בשו"ע (סע' כ"ב) כתב שיעור אתרוג קטן, פחות מכביצה פסול. ובבה"ל (ד"ה פחות) מביא הביכורי יעקב שכתב דנכון לבעל נפש להדר לכתחלה אחר אתרוג גדול כשני ביצים.

The volume of the esrog can be measured by filling a utensil to the rim with water, immersing the esrog, and measuring the volume of the water that is displaced.

CHAPTER NINE

LULAV

The Lulav

The Torah states (*Vayikra* 23:40), *"You shall take for yourselves…the branches of date palms…."* Although the Torah refers to a lulav as the branch of a "date palm," it need not grow from a palm tree that actually produces dates; it must merely be a branch of the date palm species.[266]

There is disagreement among *poskim* regarding lulavim from a Canary Palm Tree, since there are a number of differences between this species and classic date palms in terms of height and the properties of the leaves and fruits. Rabbi Moshe Feinstein *zt"l* maintained that this lulav is not kosher even *b'dieved*, so it is therefore recommended not to use this type of lulav.[267]

Tight / Loose Leaves

The most optimal method of fulfilling the mitzvah of lulav is to use a lulav in which the leaves are

266. חתם סופר (סוכה לד.), והר צבי (או"ח ח"ב סי' ק"ח). והחזו"א (או"ח סי' קנ"ו, בהשמטות לסי' תרמ"ה) כתב "ונראה דלולב הבא מדקל נקבה נמי כשר כיון דמותר להרכיב זה בזה וקרינן בו כפות תמרים".

267. אג"מ (או"ח ח"ד סי' קכ"ג). אמנם, הגרש"ז אויערבאך זצ"ל (ספר כשרות ארבעת המינים עמ' ק"ע) והגר"ח קניבסקי שליט"א (ארחות רבינו ח"ב עמ' רל"ב) הכשירוהו אף לכתחלה.

[9.1]

lying on one another without external assistance (i.e. by tying the leaves together or using glue, etc.), such that when the lulav is held vertically, the leaves do not separate from one another leaving space between the leaves. However, small spaces between the leaves do not impact the status of the lulav, even *lechatchilah*.

See Figure 9.1, depicting a lulav with leaves that are too loose and is therefore not to be used *lechatchilah*.[268]

Length of the Lulav

The minimum length of the spine of the lulav is four *tefachim*, handbreadths; this ranges (based on various

268. שו"ע ורמ"א (סי' תרמ"ה סע' א'), וכמש"כ המ"ב (סק"ג) בשם המאמר מרדכי וביכורי יעקב. ובספר תורת ד' מינים (סי' א' ס"ב והע' ג') דייק משו"ע הרב (סע' ה') דמה ששכיח בכמה לולבים שהעלים נפרדים קצת ואינם דבוקים ממש זה בזה, עדיין נקרא שאין העלים נפרדות וכשר לכתחלה. וכתב, שהסכימו על זה גדולי הוראה.

poskim) between 12.6 inches and 15.2 inches. This measurement starts from where the leaves sprout out at the bottom of the lulav, up until where the leaves are no longer attached to the spine [9.2].[269]

[9.2]

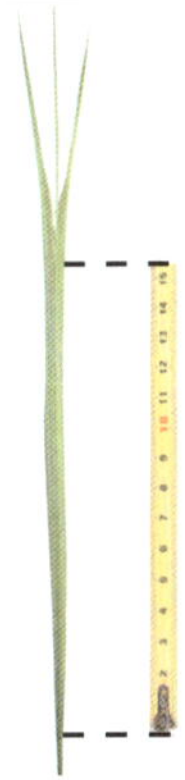

The Tiyomes Leaves

The leaves of a palm tree grow in such a fashion that each leaf consists of two leaves that are connected at their edge. If the two halves of most of the leaves become disconnected from each other, the lulav is not kosher.[270]

The Tiyomes — Middle Leaf

The center leaf extending from the lulav's spine — called the *tiyomes* — plays a very important role in determining if the lulav is kosher. *Lechatchilah*, one should obtain a lulav in which the *tiyomes* is completely intact,[271] such that the two halves of the *ti-*

269. שו"ע (סי' תר"נ), ומ"ב (סק"ב).

270. רמ"א (סי' תרמ"ה סע' ג'), ומ"ב (ס"ק י"א).

271. בשיעורי הלכה נסתפק באופן שנחלק קצת ואינו נראה לעין כלל, אם יש

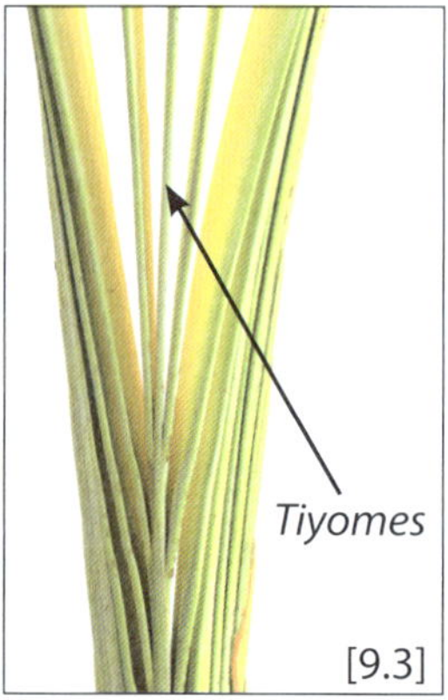

[9.3]

yomes are completely closed all the way to the very top. They certainly should not be split more than a *tefach*, which is just over 3 inches [9.3].[272]

However, if no other kosher lulav is available, as long as the *tiyomes* is not completely split until the spine, it is still kosher.[273]

בו חסרון של נחלק או לא. והביא מה שכתב רעק"א (כתבים שבסוף ס' דו"ח) דנחלקה התיומת שהוא משום 'חסר' ואין זה לקיחה תמה, א"כ כל שנחלק באמת אף שאין צריך שימת לב ואינו נראה לעין, פסול. אולם הבכורי יעקב (ס"ק י"א) כתב דכל סדק בתיומת אפי' קטן מאד, כל שניכר לא יקח לכתחלה. ומבואר עכ"פ לדעתו דאם אינו ניכר כלל אין קפידא.

272. הנה, השו"ע (סע' ג') פסק דאם נחלקה התיומת ברוב העלין פסולה. אבל הרמ"א מחמיר דאפי' אם נחלק רק העלה העליון האמצעי, מקרי נחלקה התיומת ופסול, והכי נוהגין. וסיים דלכתחלה מצוה מן המובחר, נוהגין ליטול לולב שלא נחלק העלה העליון כלל כיון שיש מחמירין לפסול אפי' בנחלק קצת. וטעם המחמירים ביאר במ"ב (ס"ק י"ט) משום דע"י הנענועים רגיל להיות בסופו סדוק כולו. והביא דעת הט"ז שמחמיר רק אם נחלק כשיעור טפח, ושהחיי אדם (כלל קמ"ט ס"י) מחמיר דלדעה זו יש להחמיר אפי' אם נחלק משהו, וכן הוא בבכורי יעקב.

273. מ"ב (ס"ק י"ט). הנה, המ"ב (ס"ק ט"ז וי"ז) החמיר כדעת הגר"א דבנחלק התיומת עד רובו, פסול בדיעבד ואין לברך עליו, כדעת רש"י דתיומת היינו עלה האמצעי. אמנם דעת החזו"א (סי' קמ"ה סק"א) דבמקום הדחק או בדיעבד יש לברך עליו אף כשנחלק רובו כדעת שאר הראשונים דנחלק התיומת היינו של כל העלין. אמנם כתב בשיעורי הלכה דמאחר דלדעת הגר"ז (סע' י"א) והבכורי יעקב (סק"ט) ס"ל דגם לשיטת רש"י אינו פסול מדינא אא"כ נחלק כולו [ודלא כדעת הגר"א בדעתו], אם א"א להשיג לולב אחר, יכול לברך עליו אם רק נחלק רובו ולא כולו.

Gluing the Tiyomes

If the *tiyomes* is split in such a fashion that invalidates the lulav, either because it is completely split, or because it is split like a *himnak* (see below, *Tiyomes* Shaped Like a *Himnak*), gluing the *tiyomes* together does not render the lulav kosher.[274] However, if the *tiyomes* is only partially split, such that the lulav is kosher, one may glue the tip of the *tiyomes* together to prevent it from becoming invalid.[275]

Single-Leafed Tiyomes

If the *tiyomes* grew with only one leaf (rather than with two leaves that connect at their edge), it is *pasul*.[276]

---

274. שבות יעקב (ח"א סי' ל"ה), וכן פסק הגרש"ז אויערבאך זצ"ל (מובא בספר ארבעת המינים עמ' שכ"ד, ובהליכות שלמה פ"י ס"ה), וכן דעת הגרי"ש אלישיב זצ"ל (המובא בספר ארבעת המינים שלם שם).

275. דעת תורה (ס"ז), והגרש"ז אויערבאך זצ"ל (הליכות שלמה פ"י דבר הלכה אות ח', וחידושי כתב יד הגרש"ז, ובמעדני שלמה עמ' ע"ח), דלפי מש"כ המ"ב (סקי"ט) בשם החיי אדם דטעם המחמירין בנחלק קצת דשמא יפתח יותר, א"כ אינו פסול בעצם. וכמו שמצינו לענין שופר שנסדק דפסול אפי' בכלשהו ועכ"ז מבואר דמהני ביה דבק, וא"כ ה"ה הכא לענין לולב. וכן דעת הגר"י פישר זצ"ל (בהסכמתו לספר ארבעת המינים השלם). והנה, דעת הגר"י פישר נראה שם דע"י דבק הוי מצוה לכתחלה. אמנם, בשיעורי הלכה כתב דמדלא הזכירוהו הפוסקים עצה זו של דבק, משמע דס"ל דכיון דעומד להיסדק ויהיה חסר, דיינינן ליה כחסר לפנינו וגם עכשיו לא חשיב לקיחה תמה, וא"כ שוב לא מהני לדבקו בדבק, אלא דמהני לדבקו שלא יפסל וכש"כ בפנים.

276. רמ"א (שם).

Uneven Halves of Tiyomes

[9.4]

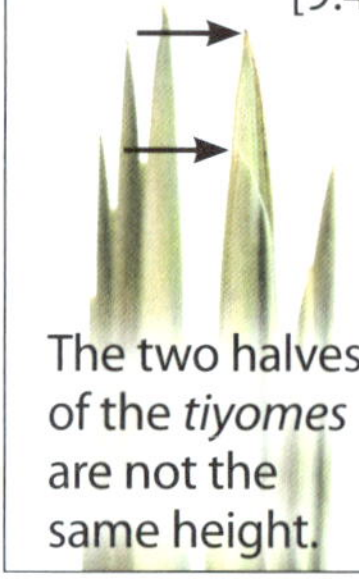

The two halves of the *tiyomes* are not the same height.

[9.5]

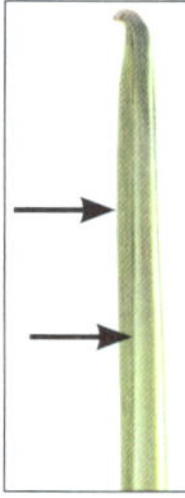

The two halves of the *tiyomes* are not the same width.

If the two halves of the *tiyomes* leaf are not the same height — rather one is taller than the other — some *poskim* maintain that the status of the *tiyomes* is unaffected [9.4]. Others maintain that if the disparity of the two halves is immediately obvious, it cannot be used on the first day of the Festival.[277]

Additionally, if the two halves of the *tiyomes* are not the same width, as long as the narrower leaf covers more than half of the width of the wider leaf, it is kosher [9.5].[278]

277. דעת הגר"י קניבסקי זצ"ל (ארחות רבינו עמ' רל"ה) שכשר אף שעלה אחד של התיומת הוא גבוהה יותר מחבירו באופן הניכר. וכן דעת הגר"ש וואזנר זצ"ל (קובץ מבית לוי ח"ב עמ' ל"ב), והחוט שני (סוכות פי"ג סק"א) שכשר לכתחלה. ובספר מעדני שלמה (עמ' פ') הביא בשם הגרי"ש אלישיב זצ"ל שכל שיש הפרש של כמה מילימטרים, פסול כיוצא בחד הוצא. אמנם הביא בשם הגרש"ז אויערבאך זצ"ל דמאחר שרוב העלה קיים בעלה הקצר אין לפוסלו מדין 'חד הוצא'. אולם יש קצת סברא לפסול תיומת כזו מדין חסר, דבכה"ג חסר בשלימות העלה והו"ל כחסר התיומת. והשיעור שיש לחשוש לזה, הוא כל שניכר היטב לעין שלא נסתיימו שני העלים בשוה, באופן שאין צריך התבוננות לראותו. ולטעם זה שפסול משום חסר, אין לפוסלו אלא ביו"ט הראשון בלבד.

278. הגרש"ז אויערבאך זצ"ל (הובא מעדני שלמה עמ' פ"א), והגרי"ש אלישיב

Double Tiyomes

If a lulav grows such that two separate double-leaves emerge from the center of the spine, the above halachos apply to both *tiyomes* leaves [9.6].[279]

[9.6]

Korah — Brown Membrane (Moich)

Many lulavim (plural for lulav) are partially surrounded by a brown membrane. This brown membrane is called *korah* or *moich*.

There are a number of scenarios that should be considered with regards to *korah* and how it may affect the validity of the lulav:

- If the tip of the *tiyomes* is split in such a fashion that it would be a *himnak* (see below for definition of *himnak*), but there is *korah* connecting the two ends; there is disagreement among

---

זצ"ל (הובא בכשרות ארבעת המינים עמ' קמ"א).

279. מ"ב (ס"ק ט"ו). ובחזו"א (סי' קמ"ה סק"ד) מכשיר אם אחד מהן נחלק והשני סגור. ואם לולב אחד היה לה שני תיומות שהיו מחוברות, ואח"כ נפרדו שניהם זה מזה, החתם סופר (חי' סוכה לא:) מכשיר. ובמעדני שלמה (עמ' ע"ז) כתב בשם הגרש"ז אויערבאך זצ"ל שלדינא נוהגין להכשירו. והבכורי יעקב (סק"ט) פסק דכשר כל שלא נחלק עד השדרה. ובב"י מבואר דלענין זה מועיל קארע לחבר שני התיומות.

[9.7]

The tip of the *tiyomes* being held together by the *korah*.

poskim if the lulav is kosher.[280] *Lechatchilah* one should avoid using this type of lulav [9.7].[281]

• If *korah* is covering the entire top of the *tiyomes*, such that one cannot discern if the *tiyomes* is split underneath the *korah*, one may rely that the *tiyomes* is not split in a way that renders it invalid. However, one who wants to be absolutely sure that the *tiyomes* is not split should avoid this type of lulav.[282] Additionally, there is a halachic benefit for the leaves of a lulav to be able to rustle back and forth when waving the lulav; if *korah* is

280. בארחות רבינו (ח״ב עמ׳ רל״ט) כתב בשם הגר״י קניבסקי זצ״ל, דלולב שיש קארע בין שני עלי התיומת, ואם יפול הקארע יהיה הימניק, ברור שכשר. אך הביא שהחזו״א מסתפק בזה, ושדעתו נטה דאין לפסול משום כך. אמנם בספר כשרות ד׳ מינים (עמ׳ ר״ד) מביא מהמאמר מרדכי (סי׳ תרמ״ה סק״ד), דאם התיומת נחלק ומחובר ע״י קאר״ע, פסול ולא חשיב חיבור.

281. שמעתי מהגר״ש פעלדער שליט״א.

282. במאמר מרדכי (סק״ד) כתב דאם התיומת מכוסה עם קאר׳ע, כשר ואין צריך לחוש שנחלק התיומת. ובספר כשרות ד׳ מינים (שם) ביאר, דלגבי החשש שמא נסדק כהימניק תחת הקאר׳ע, זה לא מצוי כ״כ. ולגבי החשש שמא תחת הקאר׳ע נחלק התיומת, הרי באופן שנחלק רק מעט כשר מעיקר הדין. וסיים, דהמהדר הרוצה להחמיר לשיטות שנחלק מעט פוסל, אין לו לקחת לולב כזה. וכ״מ בשם החזו״א והגר״י קניבסקי זצ״ל (ארחות רבינו ח״ב עמ׳ רל״ב), ובשם הגרש״ז אויערבאך זצ״ל (הובא במעדני שלמה עמ׳ ע״ז).

covering the entire top of the lulav, this will not be possible.[283]

Clipped Tiyomes

If the *tiyomes* is clipped at the top even slightly, it renders the lulav invalid.[284] Some are of the opinion that the lulav is only invalidated if it is clipped in a way that it is easily visible without much contemplation [9.8].[285]

[9.8]

Sometimes there is a small wisp that is attached to the top of the *tiyomes* (which looks similar to a thorn); if that wisp gets clipped, it does not affect the validity of the lulav.[286]

283. כתב הבכורי יעקב (סק"א) דאם הקאר'ע מונע את הנענועים, אינו יוצא המצוה של נענועים לפי המנהג דצריך כשכוש העלים. אבל לפי המנהג דסגי בהבאה וכו', גם בזה מהני. ואפי' לפי מנהג השני, מציע שיכול להוריד הקארע מן הצדדים כדי שיהיה שייך עי"ז כשכוש. ולמעשה כ' שיש נוהגין לקחת לולב כזה ויש נוהגין שלא לקחת.

284. רמ"א (סי' תרמ"ה סע' ו'). וטעם הפסול כתב המ"ב (ס"ק כ"ז) הוא משום דאין זה הדר. ועוד כ' המ"ב (ס"ק כ"ח) לבאר בשם הגר"א דהיינו אפי' אם נקטם בכל שהוא פסול. אמנם בשעה"צ (ס"ק כ"ח) כ' דלא ברירא להו פרט זה לכמה אחרונים, ולכן במקום הדחק מקילין בזה.

285. הגרש"ז אויערבאך זצ"ל (מעדני שלמה עמ' פ"ב).

286. עיקרי הד"ט (סי' ל"ג אות כ"א מובא בס' כשרות ד' מינים עמ' קנ"ו). וכן הוא בספר ארבעת המינים השלם (מילואים ח"א אות ל"ב) בשם החזו"א. ועי'

If the lulav has two *tiyomes* leaves and only one of them is clipped, the lulav remains kosher.[287]

Tiyomes Shaped Like a "Himnak"

[9.9]

The *tiyomes* shaped like a *himnak*

The Gemara states that a lulav which is shaped like a *"himnak,"* a two-pronged implement, is *pasul*. Some define a *himnak* as a fork and maintain that if the *tiyomes* is split in such a fashion that the tip resembles a fork, it is *pasul*.[288]

Accordingly, many *poskim* maintain that the only time it is considered a *himnak* is if the two halves of the *tiyomes* leaf are split in such a fashion that the two sides of the leaf will never touch each other, even when the lulav is whisked back and forth [9.9].[289]

בתורת המועדים (ס"ק י"ב) בשם הגרי"ש אלישיב זצ"ל שהקוץ נחשב חלק של העלה, ולכן אם נקטם דינו כנקטם התיומת ופסול, אא"כ הקוץ הוא חלק של הקאר"ע דבכה"ג אין לחוש לה.

287. מ"ב (ס"ק כ"ט).

288. בגמ' סוכה (לב.) מבואר דאע"פ שלולב שנסדק כשר, מ"מ אם 'עביד כהימנק פסול'. וברש"י פירש שהוא כלי של סופרים, ובערוך מבואר שהוא מזלג בעל ב' ראשים.

289. בשו"ע (סי' תרמ"ה סע' ז') איתא דאם נסדק הלולב באופן שנתרחקו שני סדקיו זה מזה עד שנראו כשנים, פסול. וכתב הרמ"א דאפי' לא נחלקה אלא התיומת העליונה פסול. וכתב הדעת תורה (ס"ז) אם רק נחלק לבד, אף שהסדק נראה לעין הרואה מפני החלל שבין ב' הסדקין, אם אין מרוחקין

A *himnak* invalidates a lulav even if the split is very slight.[290] However, the split must be visible to the naked eye, not merely with a magnifying glass.

A lulav that has a *himnak* may not be fixed by gluing the split leaves together.[291]

Shape of Lulav

If a lulav is significantly curved to the side or forward (away from the spine), it is invalid. If it is curved backward (toward the spine), it is kosher [9.10]. It is best to use a lulav that is not curved at all.[292]

הרבה זה מזה כמו המרזב, כשר. שהרי נראה לעין כל רואה שהם אחד, וכשמניח הלולב על איזה מקום או כשמנענעים, נוגעים הסדקים זה בזה. וכן משמע בחזו"א (או"ח סי' קמ"ה סק"ח). ובספר כשרות ד' מינים (עמ' ר') הביא בשם הגרש"ז אויערבאך זצ"ל, דאם נחלק באופן זה שנתעקמו העלים, וחלק פונים לכאן וחלק לכאן, והם במצב שאינם יכולים להתחבר כבר, זהו שיעור ההימנק, וכן הוא בחוט שני (עמ' רע"ח).

290. כ"ה בבה"ל (שם סע' ז' ד"ה נסדק). וכתב החוט שני (עמ' רע"ח) דאם יש קאר"ע בין ההימנק באופן שנראה כאילו אין שם הימנק, כשר.

291. דעת תורה (סע' ז'), הגרש"ז אויערבאך זצ"ל (מעדני שלמה עמ' ע"ט), וספר ארבעת המינים (עמ' שכ"ד), והגרי"ש אלישיב זצ"ל (שם). ודעת הגר"ש פישר זצ"ל (בהסכמתו לספר הנ"ל) הוא דגם בכה"ג כשר.

292. איתא בשו"ע (סי' תרמ"ה סע' ח') דאם הלולב עקום לפניו או לצדדים כמגל פסול ולאחריו כשר שזו היא ברייתו, וטעם הפסול משום הדר. וכתב בספר כשרות ד' מינים (עמ' ק"ס) דכל שאינו עקום כמגל ממש כשר אע"פ שעקום קצת. ובשערי תשובה (סק"ה), ובספר חיים וברכה (אות ס"ו) כתבו שלכתחלה יש ליזהר שלא יהיה עקום כלל. ובס' הליכות שלמה (עמ' קפ"ד) מובא שהגרש"ז אויעבראך עסק הרבה בבדיקת ישרות הלולב שלא תהא בו עקמימות כלל, והחשיב מעלה זו לעיקר גדול בהידורי הלולב.

[9.10]

[9.11]

Bent Leaves — Knepel

If the tips of the leaves are bent or folded downward, it is referred to as a *"knepel."* If most or all of the top leaves of the lulav are bent downward, one should preferably use another lulav, if possible. If only the *tiyomes* is bent, it is kosher. In fact, some have the custom to prefer using a lulav with a *knepel* in the *tiyomes* [9.11].[293]

293. בשו"ע (סע' ט') איתא דאם השדרה כפוף בראשו פסול, אבל אם רק עליו כפופים כשר. ובמ"ב (סק"מ) הביא הרא"ש שכתב, אוהב אני יותר לצאת בו שאין העלין נחלקין ותיומתו קיימת. וכתב הלבוש, ודוקא כשהעלה העליונה לבד כפופה, אבל אם כולן או רובן כפופים כל שהוא פסול דזהו שינוי מברייתו. אך הט"ז והמג"א לא חילקו בזה, וסיים המ"ב דבדאיכא אחר בודאי יש ליזהר שלא לצאת בזה.

Zig-Zag Lulav-Top

If the top of the lulav grew in a zig-zag shape, it is kosher.[294]

Dried-Out Lulav

[9.12]

If a majority of the lulav leaves or the spine have dried out, the lulav is *pasul*. According to halachah, the lulav is considered to have dried out only when it becomes white [9.12]. However, it need not become so dry that it begins to crumble.[295]

If only the *tiyomes* dried out, there is a disagreement among *poskim* if this invalidates the lulav. One should preferably be stringent in this regard.[296]

---

294. ארחות רבינו (ח"ב עמ' רמ"ד) בשם הגר"י קניבסקי. ובספר כשרות ארבעת המינים (עמ' קס"ד) כתב שאפשר שהוא בכלל 'כווץ' המבואר בגמ' סוכה (לב.) שפסול, וכן חשש לזה בקובץ הלכות (פכ"ה ה"ד) בשם הגר"ש קמנצקי שליט"א.

295. כן הוא שיטת השו"ע (סי' תרמ"ה סע' ה'), וכתב המ"ב (ס"ק כ"ה) שיש להחמיר לדבריו.וכשאי אפשר להשיג לולב אחר, יכולים לסמוך על הרמ"א דאינו נקרא יבש עד שנתפרך בצפורן מחמת יבשותו.

296. המ"ב (ס"ק כ"ב) מביא דהראב"ד פוסל. ובחזו"א (סי' קמ"ה ס"ק י"א) כתב דאם התיומת לחה, מצלת על הכל, ולא בא הראב"ד להחמיר אלא להקל דאפי' אם רוב עליו יבשו, כל שהתיומת לחה כשר. אבל אם רק נתייבש התיומת כשר, ובעינן שרוב עליה נתייבשו. ולכן לכתחלה אין ליקח לולב שהוא יבש בתיומת (כן הוא בספר חיים וברכה ס"ק ק"ג). ואם נשרף ראש התיומת מחום השמש ומראהו אדום, החזו"א מכשיר, ובספר ארבעת המינים (ח"א ס"ק כ"ב) מביא שהמהדרים במצות מחמירים בזה.

CHAPTER TEN
HADDASIM

The Haddas

[10.1]

The Torah states (*Vayikra* 23:40) that one of the Arba Minim taken on Succos is עֲנַף עֵץ עָבֹות, *a braided branch*. The Gemara teaches us that the braided branch referred to in the Torah is the *haddas*, myrtle. The haddas is considered braided in that its leaves wrap the stem in a circular fashion [10.1].[297]

One should use three haddasim for the mitzvah.[298] However, in extenuating circumstances, if only one haddas is available, one can fulfill his obligation with only one haddas.[299]

Haddas Meshulash

In order for a haddas to be kosher, it must be *meshulash,* triplicate.

297. איתא בגמ' סוכה (לב:) וענף עץ עבות, שענפיו חופין את עצו, ואי זה הוא, הוי אומר זהו הדס. קלוע כמין קליעה ודומה לשלשלת, זהו הדס.

298. שו"ע (סי' תרנ"א סע' א').

299. מ"ב (ס"ק כ"ב), וכמש"כ השו"ע (סי' תרנ"א סע' א').

[10.2]

The haddas grows with rows of leaves that surround the stem.[300] A haddas meshulash is one in which each row has three leaves that grow on the same level, such that if you drew an imaginary line around the stem at the point where the petiole (the transition stalk that attaches the leaf blade to the stem) of one leaf connects to the stem of the haddas, the other two petioles on that row would connect at that line as well [10.2]. Even if the petioles are not exactly aligned, as long as any part of all three petioles are on the same level, it is kosher.[301]

1. **Two Leaves Fell Off:** If the haddas grew meshulash and leaves fell off afterward, if the row is left with less than two leaves, it is not meshulash according to all opinions.[302]

300. כתב השו"ע (סע' ג'), היו העלים שנים ואחד שאין כל הג' עלים בקן אחד, נקרא הדס שוטה ופסול. והביא הרמ"א דבכה"ג פסול אפי' בשעת הדחק, אך י"א דכשר. וכ' המ"ב (ס"ק ט"ו) שהגר"א ושארי אחרונים מפקפקין מאד על המנהג להקל, ולכן הירא דבר ה' יטרח למצוא עבות כדין דהיינו ג' עלין בשוה בכל קן וקן.

301. חידושים וביאורים (סוכה סי' ה') בשם החזו"א, וכן הוא בספר כשרות ארבעת המינים בשמו.

302. מ"ב (ס"ק י"ח).

2. **Missing One Leaf:** If a haddas stem has two leaves on the same row — either because it grew that way or because one leaf fell off — *poskim* discuss whether the haddas is considered meshulash. One should be stringent in this regard, unless it is an extenuating circumstance.[303]

3. **How Much of the Haddas Must Be Meshulash:** *Lechatchilah*, at least the top three *tefachim* — roughly 11 inches of the haddas, should be meshulash.[304] *B'dieved*, as long as the majority of that space (i.e., 5.6 inches) is meshulash, it is kosher, even if this area is not in the top *three tefachim* of the stem.[305] This measurement suffices even for a very large haddas.[306]

   There is discussion among *poskim* as to how to determine the aforementioned "majority."

   One position is that the key requirement focuses on the number of meshulash *rows* in a

---

303. המ"ב (ס"ק י"ח) מביא מחלוקת בזה, והכריע בשער הציון (ס"ק כ"א) דאין להקל אלא בשעת הדחק.

304. בשו"ע (סי' תרמ"ו סע' ה') כתב שלמצוה בעינן כל שיעור אורך ההדס שיהא עבות. ובחיים וברכה (הגהה בסי' נ"ב סק"ב) כתב דלכתחלה יהיה הג' טפחים בראש ההדס. לדעת האג"מ שיעור של הג' טפחים הוא 10.6 אינטשעס, לדעת ר' חיים נאה השיעור של י"ב גודלין הוא 9.6 אינטשעס, ולדעת החזו"א הוא 11.4 אינטשס.

305. שו"ע, ורמ"א (שם).

306. בשו"ע (שם) כתב דלעיכובא בעינן רובו, ובבה"ל (ד"ה ולעכובא) מביא בשם הב"ח דהיינו רוב שיעור ההדס. ולכן גם אם ההדס ארוך הרבה יותר מג' טפחים, ונמצא שרוב שיעורו הוא מיעוטו של כל אורך הבד, מ"מ כשר.

three-*tefach* area. Meaning, one counts the number of meshulash rows in any given three-*tefach* area and if the majority of those rows are meshulash, it is kosher.

Another perspective is that the key requirement focuses on how much of the stem is actually surrounded by meshulash rows of leaves. Meaning, one evaluates any three-*tefach* area of the stem of the haddas, and as long as a majority of that area is surrounded by meshulash rows, it is kosher.

To accommodate both perspectives, one should be stringent and ensure that at least 5.6 inches of the stem are covered with meshulash rows and that the majority of meshulash rows (within an area of 11 inches) are intact.[307]

Poskim rule that the "majority" need not be in one area; so long as there is 5.6 inches of stem that is surrounded by meshulash rows of leaves

307. בשו"ע (ס"ה) איתא דלעיכובא בעינן שיהא עבות ברובו, ואפילו אינן בראשו. ונסתפק החזו"א (סי' קמ"ז) האם הכוונה שרוב שטח השיעור יהיה מכוסה בקינים משולשים, או שרוב הקינים הנמצאים בשטח השיעור יהיו משולשים [ונפק"מ טובא, שהרי הקינים העליונים בדרך כלל הם סמוכים זה לזה, וכן הם קטנים יותר, והתחתונים רחוקים זה מזה וגם גדולים יותר, וא"כ כשנשרו רוב הקינים העליונים, עדיין נשאר רוב שיעורו מחופה בעלים, וכשנשר רוב החיפוי מלמטה, עדיין נשארו בו רוב הקנים]. ועי' בס' ארבעת המינים השלם (עמ' רמ"ט) מה שדייק מלשון הב"י ושו"ע הרב והמ"ב בזה, אך כתב שאינו מוכרח. ולכן מסיק שיש להחמיר בזה שישאר מכוסה בעלים ברוב שיעורו וגם לא ינשרו ממנו רוב מספר הקינים.

and has a majority of meshulash rows intact (based on the number of rows that are present in any three *tefachim* along the height of the haddas), it is kosher.[308]

4. Leaves Not on Same Level: If the stem has three leaves but they are not on the same level, it is referred to as a הֲדַס שׁוֹטֶה, *a deranged haddas*, and, according to many *poskim*, it is invalid. Therefore, one should not use this type of haddas.[309]

5. Leaves Covering Stem: According to some *poskim*, one should ensure that the tops of the meshulash rows reach the bottom of the petiole (the transition stalk that attaches the leaf blade to the stem) of the leaf above it, so that the stem is totally covered [10.3].[310]

308. הנה בביאור הלכה (ד"ה ולעכובא) מביא שבדין זה מסתפק הפמ"ג אם מהני אפי' אם הם מפוזרים באורך ההדס, או דבעינן שהם עכ"פ במקום אחד, ומביא שהביכורי יעקב מיקל בזה. ויעוי' בס' כשרות ארבעה מינים (עמ' צד) שכתב דמבואר בפמ"ג (מש"ז סק"ט) דכל מה שנסתפק הוא רק בהדס שהוא באורך ו' טפחים, ובזה מסתפק מאחר שרוב ההדס אינו משולש, א"כ יש רוב הדס שאינו משולש הסותר את רוב השיעור שהוא משולש, משא"כ בהדס שהוא ג' טפחים, לא מסתפק הפמ"ג כלל, וכשר גם כשאין הרוב ברצף אחד.

309. שו"ע (סע' ג').

310. השערי תשובה (סע' ג') מביא בשם המור וקציעה שפוסל בכה"ג דבעינן

6. Vertical Leaves: It is a *hiddur* (enhancement of the) mitzvah to use a haddas whose leaves are standing vertically and not jutting out to the sides.[311]

The Minimum Length of the Haddas

The minimum length for a haddas stem is three *tefachim*[312] — roughly 11 inches.[313]

The haddas should be measured from where the leaves begin to grow at the base of the stem[314] until the top of the stem, not including the height of any leaves that protrude beyond the stem[315] [10.4].

Leaves Dried Out

As long as the top row of leaves on the haddas has not dried out, even if the remaining leaves have

---

שיחפה את הבד. וע"ע בחיים וברכה (ס"ק נ"ט) מה שדן בזה. אמנם הביכורי יעקב (סי' תרמ"ו ס"ק י"א, ובתוספת ביכורים שם) חלק עליו ומכשיר בזה. ועי' גם בחזו"א (סי' קמ"ו ס"ק ט"ו) שנוטה להקל בזה שהרי קיי"ל דבחיפוי רוב סגי.

311. בכורי יעקב (שם), וראה גם שו"ע הרב (סע' א').

312. הרמ"א (סי' תרמ"ז סע' א') כתב דשיעור הדס לכתחלה הוא ג' טפחים שהם י"ב גודלין. ובדיעבד, כ' המ"ב (סק"ח) דסגי בי' גודלין. ובקיצור שו"ע (סי' קל"ו סע' ג') הוסיף דה"ה דבשעת הדחק דינא הכי.

313. לפי ר' חיים נאה. ולדעת החזו"א הוא 11.4 אינטשס.

314.

315. כ"כ המ"ב (סי' תר"נ סק"א) בשם הריטב"א דשיעור המדידה הוא מראש העץ, ולא מראש העלין היוצאין מעל העץ. ובחזו"א (סי' קמ"ו סק"ח) כתב לענין המדידה מלמטה שמודדים ממקום יציאת העלין.

[10.4]

dried out, it is kosher.[316] In the event that the top row is dry, the haddas can be made kosher by clipping the top of the stem so that the uppermost set of leaves are not dried out (provided that the minimum size of a haddas remains).[317] However, as noted below, there are opinions that a clipped haddas is invalid.

The leaves are considered to have dried out only when they turn white and are no longer green at all. However, if the leaves still have a green hue, even if they crumble upon contact, the haddas is not considered "dried out."[318]

As noted above, where no other haddasim are available, one can fulfill the mitzvah with a single haddas stem. Therefore, even if two of the haddasim

316. שו"ע (סי' תרמ"ו סע' ח') וכמו שנפסק במ"ב (ס"ק כ"ו) כדעה הראשונה בשו"ע.

317. מ"ב (ס"ק ל"ד). והטעם, כ' המ"ב (ס"ק כ"א) דע"י השלשה עלין לחין בראש הבד, חל שם הדר על כל ההדס.

318. שו"ע (סי' תרמ"ו סע' ז') ומ"ב (סק"כ).

[10.5]

don't meet the above criterion, as long as one of them does, it is kosher in extenuating circumstances.[319]

Clipped Haddas

A haddas that is clipped at the top is kosher [10.5]. However, since there are opinions that consider it invalid, one should not use a haddas that is even slightly clipped at the top, if it is possible to secure a different one.[320]

319. מ"ב (סי' תרמ"ו ס"ק כ"ב).

320. בשו"ע (סי' תרמ"ו סע' י') כ' שכשר, וברמ"א כ' שיש פוסלין ולכן טוב להחמיר במקום שאפשר באחר. וכתב הבה"ל (ד"ה פסול) דשיעור הקטימה במשהו. וביאר המ"ב (ס"ק כ"ט) דהא דנקטם פסול בלולב וערבה וכשר בהדס, היינו משום דבהדס העלין חופין ראשו ואין קטימתו ניכרת בהן. וכ' השעה"צ (ס"ק ל"ב) דלפ"ז אם נקטם ראש ההדס בעץ ואין שם עלים לחופף הראש, פסול אפי' בדליכא אחר. אך הביא מהבכורי יעקב (ס"ק כ"ב) דיש תקנה שיקטדם גם העץ עם שני העלין עד סמוך לקן שתחתיו והוי פסול שחוזר להכשרו.

CHAPTER ELEVEN
ARAVOS

The Aravah

[11.1]

The Torah states (*Vayikra* 23:40) that one of the Arba Minim we are to take on Succos is עַרְבֵי נַחַל, *two willows of the brook.*[321] It is however not necessary to use a willow that actually grew alongside a brook.[322]

There are three criteria that define the species of willow to which the Torah is referring[323] [11.1]:

- The shape of the leaves is oblong
- The edges of the leaf are smooth and not jagged
- The stem is green or red (and not white)[324]

---

321. שו"ע (סי' תרנ"א סע' א').

322. ובמ"ב (סי' תרמ"ז סק"ג) מובא די"א דיותר טוב לכתחלה ליקח ערבות הגדלים על הנחל, אלא שמדברי הט"ז משמע דא"צ לדקדק בזה, עכ"ד. וי"א שמצוה להדר אחר ערבה הגדילה על הנחל (הובא שיטתם בתפארת ישראל סוכה פ"ג בהלכת גבירתא מ"ג, ובחיי אדם כלל ק"נ סע' ט'). ובנזירות שמשון (סי' תרמ"ז) כ' דיש להחמיר בזה מפני שהוא מילתא דאורייתא, וגם בקצור שו"ע (סי' קל"ו ס"ו) וספר חיים וברכה (ס"ק ס"ח אות ה') כתבו דנכון להדר בזה בדאפשר.

323. שו"ע (סי' תרמ"ז סע' א').

324. רמ"א, וכתב המ"ב (סק"ב) דכל שאינו לבן ממש אדום מקרי, דאע"פ שהוא ירוק, מאחר כשהשמש מכה בו הוא נעשה אדום, בכלל אדום הוא. ועוד מביא

Minimum Size

[11.2]

The minimum length of an aravah stem is three *tefachim* — roughly 11 inches[325] [11.2].

The aravah should be measured from where the leaves begin to grow at the base of the stem until the top of the stem, not including the height of the leaves that protrude above the actual stem.[326]

There is no maximum size for the length of an aravah. However, the top of lulav should extend at least one *tefach* higher than the aravah; see Chapter Thirteen.[327]

שיטת הביכורי יעקב שכתב דאינו מצוי מין ערבה שאין בה כל ג' הסימנים הנ"ל ביחד, ונפק"מ במקום שיש ספק אם קיים אחד מן התנאים.

325. כתב הרמ"א (סי' תרמ"ז סע' א') דשיעור ערבה לכתחלה הוא ג' טפחים שהם י"ב גודלין. ובדיעבד, כ' המ"ב (סק"ח) דסגי בי' גודלין. ובקיצור שו"ע (סי' קל"ו סע' ג') הוסיף דה"ה דבשעת הדחק דינא הכי. לדעת האג"מ השיעור של י"ב גודלין הוא 10.6 אינטשעס, לדעת ר' חיים נאה השיעור של י"ב גודלין הוא 9.6 אינטשס, ולדעת החזו"א הוא 11.4 אינטשס.

326. כ"כ המ"ב (סי' תר"נ סק"א) בשם הריטב"א דשיעור המדידה הוא מראש העץ, ולא מראש העלין היוצאין מעל העץ. ובחזו"א (סי' קמ"ו סק"ח) כתב לענין המדידה מלמטה שמודדים ממקום יציאת העלין.

327. שו"ע (סע' ב').

Leaves Fell Off or Dried Out

If some leaves of the aravah dried out or fell off, as long as the majority of the remaining leaves has not dried out, it is kosher. This "majority" is determined by identifying any 11-inch segment along the stem of the aravah and counting the number of leaves that originally grew on that part of the stem. If the entire aravah has more than half the number of leaves that had grown in that segment, the aravah is kosher.

For example, if twenty leaves had originally grown in one 11-inch segment, as long the entire aravah still has eleven valid leaves, it is kosher.

The leaves are considered to have dried out only when they are no longer green at all. However, if the leaves still have a green hue, even if they crumble upon contact, halachah does not consider them to be "dried out."[328]

328. הפמ"ג (סי' תרמ"ז) מסתפק אי שיעור יבשות של ערבה הוא כשיעור היבשות של הדס, והוא עד שתלבין פניה. או שמא אם נפרך בציפורן ג"כ נחשב יבש, ולא הכריע. אמנם הביכורי יעקב (סק"ד) כתב שאין כאן ספק כלל, ושיעורו כהדס, והלכך אפי' אם נפרך בציפורן כשר, ורק אם כלה הירקות לגמרי פסול, והובאו דבריו בשער הציון (סק"ו). ובספר כשרות ד' מינים (עמ' ק"כ) הביא שיטת הרוקח שמחמיר בנפרך בציפורן, ולכן כתב דאפשר שמאחר שערבות מצויות, יש להחמיר כשיטות אלו שנפרך בציפורן כבר יהא פסול.

Cracked Leaves

If a majority of the leaves are cracked, the aravah is *pasul*. However, as long as enough leaves remain intact to constitute the majority of a three-*tefach* area, it is kosher. See above, "Leaves Fell Off or Dried Out," for a detailed explanation of how this is measured.[329]

Wilted Leaves

Even if all of the leaves of the aravah are wilted, it is kosher. Where aravos are readily available, one should try to use an aravah whose leaves are not wilted.[330]

Clipped Aravah

An aravah whose stem is clipped at the top is invalid. However, if the stem is intact and only the top leaf is clipped, it is kosher[331] [11.3].

Lavluv — Top Leaf

Most aravos grow with a small leaf that protrudes from the very top of the stem; this leaf is called

329. מ"ב (סק"ט).

330. שו"ע (סע' ב'), ומ"ב (ס"ק י"א).

331. שו"ע (סע' ב'). וכתב המ"ב (סק"י) דדוקא נקטם העץ אבל נקטם עלה העליון כשר. ועוד כתב, שטעם פסול נקטם הוא מדין הדר.

[11.3]

[11.4]

"lavluv." Oftentimes, this leaf falls off due to a lack of water or over-handling of the aravah.

Poskim discuss whether the *lavluv* leaf maintains the status of a leaf or if it is considered an extension of the stem. As discussed above, if the top of an aravah stem was clipped, it is rendered invalid, but if the leaf is clipped, it is kosher (see "Clipped Aravah").

For this reason, some *poskim* strongly recommend to use aravos that have the lavluv leaf intact, to ensure that it does not have the status of a clipped aravah.[332] Others are not particular about this stringency[333] [11.4].

332. תשובות והנהגות (ח"ג סי' קפ"ז), כשרות ד' מינים (עמ' קט"ו).

333. שו"ת אבן ישראל (ח"ט בהערותיו על המש"ב סי' תר"נ ס"א), וארחות רבינו (ח"ב עמ' רנ"ג אות א').

A Drooping Stem

If the top of the aravah droops, even downward, it is kosher.[334]

Leaves Pointing Downward

Some *poskim* maintain that if the majority of the aravah's leaves are pointing downward, it is invalid; others consider this a valid aravah.[335]

334. ארחות רבינו (ח"ב עמ' רנ"ג), והגרי"ש אלישיב זצ"ל (באשרי האיש ח"ג פ"ל אות ד'). והטעם, כיון שרוב הערבות ראשיהם נכפפים, לכן הרי זה נחשב כדרך גידולה.

335. החזו"א (או"ח ס"ק ל"ב) כתב שאם רוב העלים נוטים למטה, פסולה. אמנם בספר קובץ הלכות (פכ"ח סע' ו') ושושנת ישראל (פי"א סע' ל"ד) הביאו שדעת הפוסקים להקל בזה, וראיה לזה ממה שדנו הפוסקים אם נדלדלו העלים הוי כנפרצו עליו ופסול (עי' מ"ב סק"ט) אף שהם תלויין למטה, ומוכח דבתלויין למטה גרידא הוי כדרך גדילתן. וכן משמע ממה שכמושין כשר, אע"ג דבדרך כלל עלין כמושים תלויין למטה, ומזה שסתמו הפוסקים משמע דכל כה"ג כשר.

CHAPTER TWELVE

DEFICIENT MINIM ON YOM TOV & CHOL HAMOED

Types of Deficiencies

As mentioned, there are two primary categories of deficiencies when it comes to the Arba Minim. Some deficiencies disqualify because they impact *hadar* — the beauty of the item. Other deficiencies disqualify because of *chaseir* — some part of the item is missing.

The First Day of Succos

On the first day of Succos, one may not use any of the four *minim* if it has any deficiency of *hadar* or *chaseir*. One must make all efforts to find a replacement. If no replacement is available, even on loan, one should use the deficient species to preserve the concept of the mitzvah; however, no *berachah* is recited.[336]

Second Day of Succos

Outside of *Eretz Yisrael*, the second day of Succos is called Yom Tom Sheini, which is treated differently

336. עפ"י שו"ע (סי' תרמ"ט ס"ה וס"ו). והטעם כתב המ"ב (ס"ק נ"ד) כדי שלא תשתכח תורת לולב מישראל, ואין מברכין כיון דהוא לזכר בעלמא. עוד כתב המ"ב (ס"ק נ"ג) דכל זה מיירי לענין הפסוליו מחמת מום, אבל הפסולין מחמת שאינן מינן או גזול, פסול אפי' בשעת הדחק.

than the first day of Succos (for reasons that are beyond the scope of this work).

On Yom Tov Sheini, one should also not use *minim* with the above deficiencies. However, unlike the first day of Yom Tov, when all possible efforts must be made to obtain a replacement, if no replacement is readily available, one may use the deficient *minim,* but there is a distinction between deficiencies due to *hadar* and those that are due to *chaseir.*

If the deficiency is due to *hadar,* no *berachah* is recited.[337] If the deficiency is due to *chaseir,* in almost all circumstances the *berachah* is recited (see footnote).[338]

Chol HaMoed

On Chol HaMoed, *minim* that are deficient because of *chaseir* may be used *lechatchilah*. However, if the deficiency is due to *hadar*, one should avoid using them unless it is an extenuating circumstance. When using deficient *minim* during Chol HaMoed, a *berachah* is recited.[339]

---

337. כן הוא בשו"ע (שם ס"ה) דפסולי ראשון נוטלין בשני, אבל ברוכי לא מברכינן. והוסיף הרמ"א שאם יש לחבירו לולב ואתרוג כשר, יברך על של חבירו בענין דמהני אפילו ביום ראשון.

338. כ"כ במ"ב (סי' תרמ"ח סק"ח) בשם המאמר מרדכי דכל שאינו מפולש ואינו חסר בכאיסר, מקילין ביו"ט שני גם לענין ברכה, ואתרוג שהוא מפולש וחסר בכאיסר אינו מצוי כלל.

339. שיטת המחבר (שם ס"ה) כדעת הרמב"ם וסייעתו דכל הפסולים בין משום

Quick Reference Charts

The following charts list deficiencies and their corresponding status. It must be noted that the deficiencies listed below refer to those deficiencies being present in a way that would invalidate the species, as detailed in the previous chapters.

חסר ובין משום הדר פסולים רק ביו"ט ראשון מה"ת וביו"ט שני מדרבנן, אבל בחוה"מ כשרים. אך דעת הרמ"א שם, כשיטת הרא"ש וסייעתו דכ"ז בדברים שהם פסולים משום חסר, אבל בפסולים משום הדר פסולים כל ז', דבעינן הדר בכל ז' ימים משום הידור מצוה. אך בשעת הדחק כתב המ"ב (ס"ק מ"ט) דיש לסמוך על המקילים ולברך גם בדברים הפסולים משום הדר וכדביאר השהע"צ (אות נ"ג).

Esrog

Deficiency	Halachah
Wrong Breed	*Pasul* all days[1]
Round Esrog	*Pasul* first day. *Pasul lechatchilah* on other days[2]
Punctures/Gouges	*Pasul* first day. *Pasul lechatchilah* second day. Kosher *lechatchilah* on Chol HaMoed[3]
Pitam Fell Off	*Pasul* first day. *Pasul lechatchilah* other days[4]
Oketz Fell Off	Kosher first day. *Pasul lechatchilah* second day. Kosher on Chol HaMoed[5]
Chazazis	*Pasul* first day. *Pasul lechatchilah* other days[6]
Black Dots	*Pasul* first day. *Pasul lechatchilah* other days[7]
Raised *Blettel*	*Pasul lechatchilah* all days[8]
Dark Green Esrog	*Pasul* first day. *Pasul lechatchilah* other days[9]

1 המ"ב (סי' תרמ"ח סק"ס) הביא בשם הלבוש שהטעם שהעגול ככדור פסול שאין דרכו להיות כן. ובשעה"צ כתב שמשמע מלשון זה דלא הוי בכלל אתרוג, וא"כ הוא פסול בכל הימים, אבל כתב שאפש"ל שהטעם הוא משום שאינו הדר, ולפי"ז להשו"ע כשר בשאר ימים, עכ"ד. ולפ"ז יוצא דלדידן דסמכינן על דעת השו"ע בשעת הדחק וכמש"כ המ"ב בסי' תרמ"ט (ס"ק מ"ט), ה"ה הכא דכשר בשעת הדחק. ובאמת מפורש בפמ"ג (סי' תרמ"ט מ"ז ס"ק י"ב) כדברי השער הציון דהפסול עגול הוא מטעם הדר.

2 כ"ה בשו"ע ורמ"א (סי' תרמ"ט ס"ה) דחסר כשר בשאר ימים מאחר שמצות נטילתו הוא רק מדרבנן. ולענין יו"ט שני עיין לעיל.

Lulav

Deficiency	Halachah
Split *Tiyomes*	*Pasul* first day. Not *lechatchilah* second day. Kosher *lechatchilah* on Chol HaMoed[10]
Himnak	*Pasul* first day. Not *lechatchilah* second day. Kosher *lechatchilah* on Chol HaMoed[11]
Knepel (on most of the leaves)	*Pasul lechatchilah* all days[12]
Clipped *Tiyomes*	*Pasul lechatchilah* all days[13]

3 וזהו דוקא באופן שהוא נפסל לכו"ע, אבל כתב המ"ב (סי' תרמ"ט סקל"ו), כשיש ספק שלא נחשב ניטל הפיטם, כגון שלא נעשה גומא באתרוג, אפשר להקל גם לענין הברכה, דאף שי"א שניטל הפיטם פסול מטעם הדר, וא"כ לרמ"א פסול גם בשאר יומי, מ"מ יש כאן ס"ס, שהרי לדעת הרמב"ם ושו"ע דבר הפסול משום הדר כשר בשאר יומי, וגם שהוא ספק אם נקרא 'ניטלה פיטמתו'.

4 שו"ע ורמ"א (סי' תרמ"ט ס"ה).

5 מ"ב (סי' תרמ"ח ס"ק מ"ט).

6 דפסולו מטעם הדר, אך בשעה"ד מקילין וכנ"ל.

7 כנ"ל.

8 בפמ"ג (שם) מבואר דירוק פסול מטעם הדר, וא"כ בשעה"ד סמכינן אדעת השו"ע דכשר וכנ"ל.

9 במג"א (סי' תרמ"ה סק"ו) כ' בשם רבינו ירוחם דנחלקה התיומת פסול משום לקיחה תמה, א"כ כשרה בשאר הימים. ולענין יו"ט שני, עי' לעיל.

10 כנ"ל.

11 מ"ב (סי' תרמ"ה סק"מ). ועיי"ש (ס"ק ל"ט) שפסולו מטעם 'הדר', וכיון שכן יש להחמיר לכתחלה בשאר ימים וכנ"ל.

12 רמ"א (סי' תרמ"ה סע' ו'), ומ"ב (ס"ק כ"ח), ושעה"צ (ס"ק כ"ח). ועיי"ש במ"ב (ס"ק כ"ז) דפסולו מטעם 'הדר', וכיון שכן יש להחמיר לכתחלה בשאר ימים וכנ"ל.

13 עי' במ"ב (תרמ"ז סק"י) דפסול ד'יבש' הוא מטעם 'הדר'. ולפי מה שנתבאר לעיל, אין לפסול בשאר ימים.

Aravos

Deficiency	Halachah
Leaves Dried	*Pasul* first day. *Pasul lechatchilah* other days[14]
Leaves Fell Off	Disagreement among authorities; see footnote[15]
Wilted Leaves	Should not use *lechatchilah*[16]
Clipped Aravah	*Pasul lechatchilah* all days[17]

Hadassim

Deficiency	Halachah
Not Meshulash	*Pasul* all days[18]
Leaves Dried Out	*Pasul lechatchilah* all days[19]
Clipped	*Pasul lechatchilah* all days[20]

14 במ"ב (סי' תרמ"ז סק"י) הביא דעת הריטב"א שפסולו משום שעי"ז אין שמו עליו ולכן פסול כל שבעה. ועוד הביא דעת רבינו מנוח דפסולו משום הדר, וכתב בשעה"צ (ס"ק י"א) דלפ"ז כשר בשאר הימים בשעת הדחק.

15 מ"ב (סי' תרמ"ז ס"ק י"א).

16 עי' במ"ב (תרמ"ז סק"י) דפסול ד'יבש' הוא מטעם 'הדר'. ולפי מה שנתבאר לעיל, אין לפסול בשאר ימים.

17 מ"ב (תרמ"ו ס"ק י"ג).

18 בשו"ע הרב (סי' תרמ"ו סע' ח') כ' דטעם הפסול ביבש הוא משום הדר ולפי"ז לכתחילה פסול כל שבעה.

19 מ"ב (סי' תרמ"ו ס"ק ל"ב), דטעם הפסול משום 'הדר'.

20 שו"ע (סי' תרמ"ט סע' ב', ותרנ"ח סע' ג').

CHAPTER THIRTEEN

PERFORMING MITZVAH OF ARBA MINIM

Owning / Borrowing Arba Minim

The *pasuk* states, וּלְקַחְתֶּם לָכֶם בַּיּוֹם הָרִאשׁוֹן — *and you shall take for yourself on the first day.* The word לָכֶם, *for yourself,* teaches us that in order to fulfill the mitzvah of the Arba Minim on the first day of Yom Tov, it is required that the Arba Minim belong completely to the one who is fulfilling the mitzvah. Therefore, on the first day of Succos, one cannot fulfill the mitzvah by borrowing Arba Minim.[340] Outside of *Eretz Yisrael*, where the first day of Yom Tov is observed for two days, this halachah applies on both days.[341] However, on Chol HaMoed, one may fulfill the mitzvah with borrowed Arba Minim.[342]

Accordingly, if one uses someone else's species on the first days of Yom Tov, he may do so only if the owner states that he is giving the Arba Minim to the user as a gift. It is important that this gift is verbalized and not just assumed (since otherwise it could be considered a loan).[343]

---

340. מ"ב (סי' תרמ"ח סקס"ה), וכתב דאם אין לו אחר בעיר דיש ליטלו כל ז' בלא ברכה, ויש מחמירין דאפילו ליטלו בלא ברכה ג"כ אין כדאי דילמא אתִי למסרך לצאת בו תמיד.

341. בה"ל (סי' תרמ"ט סע' ה' ד"ה פסולי) בשם א"ר פמ"ג וברכי יוסף.

342. רמ"א (סי' תרמ"ט סע' ה').

343. בשו"ע (ס"ג) איתא שאם נתנו לו במתנה מותר. והנה המ"ב בסי' תרמ"ט (ס"ק

Now, since outside of *Eretz Yisrael* there is a requirement to own the Arba Minim on the second day as well, when gifting the Arba Minim on the first day, one must be sure to reclaim ownership afterward for use on the second day. Therefore, it is recommended that the owner should gift the Arba Minim with a stipulation, called מַתָּנָה עַל מְנָת לְהַחֲזִיר, *a gift that is contingent upon returning*. This means that the owner is gifting the Arba Minim on condition that the recipient returns ownership of the Arba Minim after he has fulfilled the mitzvah.[344]

This halachah applies when lending to any adult, including one's wife and adult children.[345] Regarding lending to a minor, see "Lending to a Minor."

How Many of Each Species Are Required?

The mitzvah of taking the Arba Minim is to assemble one lulav, three hadassim, two aravos, and one esrog. In extenuating circumstances, one can fulfill

ט"ו) סתם כדעת המג"א דבדיעבד אם שאל ממנו סתם ליתן לו לולבו לצאת בו ונתן לו, יצא, דמסתמא נתן לו באופן שמותר לצאת בו, דהיינו במתנה ע"מ להחזיר. אולם בסי' תרנ"ח (סק"ט) ג"כ הביא המג"א, אך הביא שהט"ז ובית יעקב פוסקים דלא יצא וסיים שצריך לחזור ולברך בלי ברכה. וכן פסק הערוך השלחן (סי' תרמ"ט סע' ה') לחומרא.

344. שו"ע (סי' תרנ"ח סע' ד').

345. בכורי יעקב (סי' תרנ"ז סק"ה). אך עי' בתהלה לדוד (סי' סי' י"ד סק"ד) מה שצידד לחדש שאשה יכולה לברך על אתרוג השאול.

the mitzvah with fewer than three hadassim, as long as there is one kosher haddas.[346]

Binding the Arba Minim

It is a mitzvah to bind the lulav, hadassim, and aravos together, since this beautifies the mitzvah.

This can be accomplished by tying a double knot around the Arba Minim, using either a material made of one of the three species or a different material entirely.[347] Alternatively, one may use a holder that is fashioned from one of the three species to hold the three species, and this takes the place of a double knot.[348]

However, some authorities maintain that this method does not suffice and therefore require a double knot.[349]

To accommodate both opinions, the most popular

346. שו"ע ורמ"א (סי' תרנ"א סע' א'). וכתב המ"ב (סק"ו) משע"ת בשם תשובת דבר שמואל, שמצדד דבאופן שאין לו ג' הדסים יטלם בלא ברכה, אכן מפמ"ג ומישועות יעקב משמע דיוכל לברך.

347. שו"ע (שם ס"א), וכתב המ"ב (סק"ט) דאף שהקשר מפסיק בין ידו להלולב, ליכא בזה משום חציצה, דכל לנאותו אינו חוצץ אפילו באינו מינו.

348. מ"ב (סק"ח) בשם תשובת אגורה באהלך, דגם זה בכלל קשר.

349. בחת"ס (חי' על מס' סוכה לו: ד"ה במינו) כתב, שעיקר 'זה קלי ואנוהו' הוא לאגדו ממש ע"י ב' קשרים זע"ז ולא כמו שנוהגין לעשות כמין טבעות של עלי לולב, שזה אינו 'ואנוהו' שאמרה תורה. וכן הוא בבכורי יעקב (סק"ח) דבעינן דוקא קשר ע"ג קשר. ובכף החיים (סי' תרנ"א ס"ק י"א) כתב דהרוצה לצאת אליבא דכו"ע יקשור המינים ואח"כ יתחבם לתוך הבית יד.

custom is to use the above holder and to then tie or wrap (using a ring fashioned from a lulav leaf) another lulav leaf around the holder.[350]

There is an additional custom to tie three rings (fashioned from lulav leaves) around the lulav, corresponding to the three *Avos,* Patriarchs. *Poskim* disagree as to whether the ring that ties the haddasim and aravos to the lulav is included. Therefore, in addition to the leaf binding the lulav, haddasim, and aravos, some have the custom to add an additional two rings around the lulav, while others add three rings.[351]

Care should be taken to leave at least one *tefach* — roughly 3 to 4 inches — of lulav (some say of the lulav's spine) protruding above the uppermost ring, to allow the lulav to rustle when performing the mitzvah of waving the lulav.[352]

Assembling the Arba Minim

When assembling the three species, one should position the lulav with the spine of the lulav (the

350. בחיים וברכה (אות ו') הביא כמה אחרונים דראוי לאגוד המינים בעלי לולב דוקא.

351. מ"ב (סקי"ד).

352. מ"ב (סקי"ד). ובשו"ע הרב (סע' י"א) כתב דהיינו שצ"ל טפח 'של השדרה' למעלה מן הכריכה עליונה.

[13.1]

flat, waxy surface) facing the person.[353] The three hadassim should be positioned on the right side of the lulav and the two aravos on the left,[354] with the tops of the hadassim extending a little higher than the top of the aravos.[355] As noted, one should allow for the lulav (or its spine) to jut out at least one *tefach* — 3 to 4 inches — above the hadassim[356] [13.1].

The species should *lechatchilah* be assembled by an adult male above the age of bar mitzvah who is obligated in the mitzvah, not by a minor, a woman, or a non-Jew.[357] However, the species may be assembled at night even though one cannot fulfill the obligation of Arba Minim at night.[358]

353. כן הוא בבכורי יעקב (ס"ק ט"ו) בשם השל"ה, ושכן הוא על פי קבלה, וכן הסכימו האחרונים, וכן נוהגין.

354. מ"ב (סקי"ב).

355. רמ"א (שם ס"א).

356. שו"ע (סי' תר"נ סע' א'). ובספר הפרדס לרש"י)הל' לולב סי' קצ"א הובא בדעת תורה) ביאר הטעם משום דהערבה מרמז על בנ"א שאין להם לא טעם ולא ריח, וההדס מרמז על אנשים שיש להם ריח ולא טעם, ולכן יגביה ההדס מעל הערבה כיון שיבואו אלו ויכפר ועל אלו.

357. מ"ב (סי' תרמ"ט ס"ק י"ד). ועיי"ש בשעה"צ (ס"ק ט"ו) דאם אגדו קטן, אם אפשר יתירנו ויאגדנו שנית.

358. חיים וברכה (אות שכ"ד בהגהות). ועיי"ש מה שכתב לחלק בין איגוד הלולב

Assembling Species on Yom Tov

If one did not assemble the species before Yom Tov, care must be taken not to violate any Yom Tov prohibitions when he does so on Yom Tov. For instance, one may not tie a double knot or weave a holder fashioned from lulav leaves on Yom Tov.[359] However, it is permissible to insert the species into the holder on Yom Tov and to slip rings around the lulav, tighten them (provided that the ring is not constructed from a double knot) and tuck the end into the top of the ring. If no holder was prepared before Yom Tov, one should take a string or strap of any material, snugly wrap it around the three species, and tuck the end of the string or strap into the wrapping.[360]

Performing the Mitzvah

1. **Picking up the Arba Minim:** When performing any mitzvah, there is a requirement to recite the *berachah* on the mitzvah עוֹבֵר לַעֲשִׂיָּתָן, *immediately prior to performing the mitzvah*. In the case of taking the Arba Minim, if one were to first pick them up and then recite a *berachah*, the mitzvah will already have been fulfilled without

לעשיית הציצית, דלמקצת פוסקים יש ליזהר מלעשות ציצית בלילה.

359. שו"ע (סי' תרנ"א סע' א').

360. רמ"א (שם).

having first recited the *berachah*. On the other hand, if the *berachah* is recited before picking up the Arba Minim, it is not considered "*immediately* prior to the mitzvah".

There are a number of ways of resolving this issue. The most common custom is to first pick up the lulav-bundle and then to pick up the esrog upside-down (with the *oketz* facing upward); in this way, the mitzvah has not yet been fulfilled, because the esrog must be right-side up to fulfill the mitzvah.[361]

Care must be taken to keep the esrog sideways or in the upside-down position from the very moment it is removed from its case.[362] The *berachos* are recited while the esrog is in the upside-down position, the esrog is then immediately turned right-side-up, and the waving of the Arba Minim should commence.[363]

---

361. והטעם, משום דא"א לקיים המצוה כשנוטלו שלא כדרך גדילתו. בשו"ע (ס"ה) איתא, יברך על נטילת לולב ושהחיינו קודם שיטול האתרוג כדי שיברך עובר לעשייתו או יהפוך האתרוג עד שיברך. ובמ"ב (סקכ"ה), כתב בשם הב"י עוד עצה שיכוין שלא לצאת בהמצוה עד שיטול כולם בידו, ועיין בביאור הגר"א שכתב דזה העצה היא היותר מובחרת שבכולן, עכ"ד. וכתב בחיים וברכה (אות רל"א) דמנהג העולם הוא להפוך האתרוג.

362. כן מבואר בשו"ע (סע' ה') דאין להופכו עד לאחר שני הברכות, וכמו שדייק בחיים וברכה (אות רל"ב) דקיי"ל שגם ברכת שהחיינו צריכה להיות עובר לעשייתה, וכן הביא בשם קיצור של"ה, מהרי"ל, וחיי אדם, ובכורי יעקב.

363. כ"כ הבכורי יעקב (ס"ק כ"ב) דעל פי הרוב העולם אין נזהרים ליטלו הפוך

2. **Orientation of Arba Minim:** The lulav should be held in the right hand and the esrog in the left hand.[364] The Arba Minim should be held in this fashion for the *berachos*, Hallel, and Hoshanos. If the *berachos* were recited while holding all Arba Minim in one hand, one should be stringent to take the Arba Minim again properly, without reciting a *berachah*.[365] If one held the lulav in the left hand and the esrog in the right, he has fulfilled the mitzvah, but it is proper to take the Arba Minim again without reciting a *berachah*.[366]

   A person who is left-handed should take the lulav in the left hand and the esrog in the right hand. If a left-handed person took the Arba Minim like a right-handed person, the mitzvah has been fulfilled, but it is proper for the Arba Minim to be taken again correctly without reciting a *berachah*.[367]

3. **Forgot to Recite Berachos:** One who picked up the Arba Minim and forgot to recite the

---

מעל השלחן, אלא נוטלין אותה כדרכו ואח"כ הופכין אותו ומברכין, וזה אינו מועיל כיון דמעת שנטלו כדרכו כבר יצא.

364. שו"ע (סי' תרנ"א סע' א'). והטעם ביאר המ"ב (ס"ק ט"ו), דכיון דהלולב אגוד עם ג' מינים, יש לאחוז הג' מצות בידו הימני שהוא יותר חשוב.

365. מ"ב (סי' תרנ"א ס"ק ט"ו).

366. רמ"א (סע' ג') כ' דיוצא, ובמ"ב (ס"ק ט"ו).

367. רמ"א (סי' תרנ"א סעי' ג'), ומ"ב (שם ס"ק י"ט).

berachos, should immediately recite the *berachos* and then wave the Arba Minim.[368]

If one completely forgot to make the *berachah* of שֶׁהֶחֱיָינוּ on the first day of Yom Tov, the *berachah* may be recited any time he takes the four species until the end of Chol HaMoed.[369]

4. **While Standing:** *Lechatchilah* the *berachah* and mitzvah of the Arba Minim should be performed while standing.[370]

5. **Wearing Gloves / Bandage:** One should not wear gloves while performing this mitzvah, since there may not be a *chatzitzah*, obstruction, between one's hands and the Arba Minim.[371]

One who has a bandage or cast covering a part or all of his hand should consult a Rav as to how to go about performing the mitzvah of Arba Minim.[372]

---

368. מ"ב (ס"ק כ"ו). ובשעה"צ (ס"ק ל"ב) כתב דלפ"ז אם כבר נענע, אף שאוחז עדיין בידו, שוב אין יכול לברך. ובח"א (כלל קמ"ח סי"א) משמע שיכול לברך גם קודם הנענועים דהלל, אך נסתפק אם יכול לברך גם קודם ההקפות. אך בבכורי יעקב כ' דיכול לברך אפי' אחר ההלל, כל זמן שלא אמר הושענות.

369. מ"ב (ס"ק כ"ט).

370. רמ"א (סע' ז').. ומ"ב (ס"ק כ"ז).

371. מ"ב (ס"ק ל"ג).

372. עי' בהליכות שלמה (שם) שכתב דאם היתה לו רטיה על ידו במקום אחיזת הלולב, אם אינו יכול להסירה, נוטלה כמות שהיא ומברך. וכן הוא באשרי האיש בשם הגרי"ש אלישיב זצ"ל (פל"ב סע' ה').

Waving the Arba Minim

1. **Waving & Rustling:** After the *berachos* are recited and the esrog is turned right-side up, one should wave the Arba Minim in all six directions. This is performed by extending one's arm outward, rustling the leaves while extending one's arms and slightly pointing the tip of the lulav in the direction one is shaking. However, when waving "downward," the *minim* should not be pointed downwards but one should lower his hands while holding the *minim* in an upright position. The Arba Minim are then brought back to one's chest while rustling the leaves. The Minim are shaken three times in each of the six directions.[373]

2. **Direction of Waving:** One should stand facing east when waving the Arba Minim. There are two customs as to the order of waving the Arba Minim. The Nussach Ashkenaz custom is to wave the lulav in the following directions: forward, right, back, left, up, down.[374] The Nusach S'fard custom is: right, left, forward, up, down, back.[375]

373. כ"ה עפ"י הרמ"א (ס"ט) ומ"ב (ס"ק מ"ו).

374. כ"ה בשו"ע (סע' י').

375. וכן מובא בבאר היטב (סק"כ) בשם אריז"ל.

There are varying customs as to if one should face the direction in which he is waving. Each person should follow his custom.

3. **One Who Did Not Wave at All:** If one simply held the Arba Minim but did not wave them, he has still fulfilled the mitzvah, although it is preferable that he take them again and wave them properly. However, if one shook the lulav out of order, there is no need to take it again and wave in the proper order.[376]

4. **Holding the Arba Minim Together:** When waving the Arba Minim, one should hold the Arba Minim so that they touch each other. Some say that they need only to be held close to each other, but they need not actually touch.[377]

5. **Timing of Mitzvah:** The time for fulfilling the mitzvah of Arba Minim begins at *Netz Hachamah*, daybreak. However, *b'dieved*, or in extenuating circumstances, one can fulfill the mitzvah from *Alos Hashachar*, halachic daybreak.[378]

---

376. מ"ב (ס"ק מ"ז), וכמבואר הבכורי יעקב (סק"מ).

377. בשו"ע (סע' י"א) כתב דצריך לחבר האתרוג ללולב בשעת נענועו. אולם בספר טעמי המנהגים (אות תשצ"ב) מביא בשם הר"ש מבעלז זצ"ל דמה שנוהגין שאין הלולב ואתרוג נוגעין זה לזה ממש, הוא על פי מה שהביא הב"י בשם הרקנט"י, דמאחר שהד' מינים הם כנגד שם הוי"ה, וכשם שאין האותיות של הוי"ה נוגעין זה לזה, כך המינים אין נוגעין זה לזה ממש אלא יש ליתן ריוח מעט ביניהם.

378. שו"ע (סי' תרנ"ב ס"א), ומ"ב (סק"ג).

The mitzvah of Arba Minim can be fulfilled all day long until sunset. However, the best time for performing this mitzvah is in the morning, before reciting Hallel.

6. **Taking Arba Minim in a Succah:** Some have the custom to fulfill this mitzvah in a succah before coming to Shacharis and others have a custom to fulfill it in the shul succah just before Hallel. Yet others are not particular to fulfill the mitzvah in a succah at all.[379]

Eating Before Lulav

One should not eat until he fulfills the mitzvah of Arba Minim.[380] According to some opinions, women who have the *minhag* to fulfill this mitzvah should also refrain from eating beforehand, unless waiting poses difficulty.[381]

---

379. בשו"ע (ס"א) איתא דעיקר מצותו בשעת ההלל. ובמ"ב (סק"ד) כתב שקצת מן המהדרין נוהגים לברך על הלולב בהנץ החמה בתוך הסוכה ולנענע, ולעיל (סי' תרנ"א ס"ק ל"ד) כתב בשם האריז"ל שיברך תחלה בסוכה ואח"כ יעשה שאר הנענועים בביהכ"נ. ובשעה"צ (ס"ק מ"ג) נסתפק בטעם הדבר שיברך בסוכה, האם הוא כדי שלא להשהות המצוה שמיד שקם משנתו בסוכה תיכף יקיים המצוה, או אפשר שהוא על פי סוד. ובבכורי יעקב (סי' תרמ"ד סק"א) כתב שאנשי מעשה הנוהגין לטול הלולב קודם הליכה לביה"כ בסוכה, מנהג כשר הוא מלבד מהטעם דע"פ קבלה, ג"כ מטעם זריזין מקדימין למצוות.

380. בשו"ע (סי' תרנ"ב סע' ב') איתא דאסור לאכול קודם שיטלנו. ובמ"ב (סק"ז) הוסיף דגם בטעימה בעלמא אין להקל אם לא לצורך גדול. ועי' בשו"ת השיב משה (או"ח סי' י"ט) ובערוך השלחן (סי' תרנ"ב ס"ה) שכתבו דמעיקר הדין שתייה אינו בכלל אכילה.

381. מבואר בחיי אדם (כלל קמ"א סע' ז'), וקיצור שו"ע (סי' קכ"ט סע' י"ט)

Smelling Haddas or Esrog

It is prohibited to smell a haddas that was used for Arba Minim for the entire duration of Succos. One should also refrain from smelling an esrog on Succos.[382]

Watering Arba Minim on Yom Tov

It is a proper custom to hydrate the lulav and aravos in order to retain their beauty. However, Chazal forbade one to fill a utensil with fresh water on Yom Tov for the purpose of hydrating cut flowers.[383]

Additionally, even if the utensil was filled before Yom Tov, *poskim* disagree as to whether one may initially insert plants into such water on Yom Tov.[384]

לענין תקיעת שופר, שגם שם פטורין משום מצות עשה שהזמן גרמא, אך כיון דקיבלו עלייהו בחובה אין להקל עליהן אלא במקום צער או חולי. וכן כתב בהאלף למגן (על המטה אפרים סי' תרנ"ט ס"ק כ"ה) לענין נטילת לולב. אך כתב שיש להקל לנשים כשיש להן מקצת חלישות שיכולות לאכול קודם נטילה. והגרי"ש אלישיב זצ"ל (קובץ פסקים ותשובות עמ' קס"ו) פסק שנשים יכולות לאכול קודם נטילת לולב, משום שאינו אלא מנהג, ואף יכולות לחזור בהן ממנהגן.

382. בשו"ע (סי' תרנ"ג סע' א') איתא דהדס של מצוה אסור להריח בו, והטעם ביאר במ"ב (סק"א) לפי שעיקרו אינו אלא להריח בו ומזה הוקצה כל שבעה כמו בעצי סוכה, אבל אתרוג עיקרו עומד לאכילה ומזה לבד הוקצה ולא מלהריח. אך מ"מ כתב השו"ע דאף שמותר להריח באתרוג מעיקר הדין, יש למנוע מלהריח בו לפי שנחלקו אם מברכים עליו אם לאו. ועי' במ"ב (סק"ג) די"א דיש למנוע מזה כל שבעה אפי' שלא בעת נטילתו.

383. מ"ב (סי' תרנ"ד סק"ד).

384. המ"ב (סי' של"ו ס"ק נ"ד) הביא פלוגתא בזה. ובשער הציון (שם ס"ק מ"ח) כתב דאפשר שיש לסמוך על זה אם שכח להעמידן מבעוד יום.

Therefore, care should be taken to fill a vase or other utensil of water before Yom Tov and insert the bottom of the lulav, haddasim, and aravos into the water before Yom Tov. Once the species were inserted prior to the onset of Yom Tov, they may, according to all opinions, be reinserted into the water on Yom Tov.[385]

One is permitted to add water to the vase on Yom Tov, as long as one does not add an amount of water than is equal to or greater than the water that is already there.[386]

The above halachos do not largely pertain to Shabbos since the Arba Minim are *muktzeh* on Shabbos, as mentioned below.[387] However, even if one does not move the Arba Minim, it is nonetheless prohibited to add water on Shabbos to the vase holding the species.[388]

Wrapping the Species in a Wet Towel

If one desires to keep the species hydrated by keeping them wrapped in a wet towel, he should preferably wet the towel before Yom Tov. Additionally,

385. שו"ע (סי' תרנ"ד סע' א'), ומ"ב (סק"ג).

386. ערוך השלחן (סע' ב').

387. מ"ב (סי' תרנ"ד סק"ג).

388. מ"ב (סי' של"ו ס"ק נ"ד).

one should use a paper towel, or a towel that one does not mind if it remains wet for a prolonged period of time, since in this way there is no concern that one would squeeze out the water on Yom Tov. Furthermore, care should be taken that the towel is only damp and not so wet that water would be squeezed out with normal handling of the towel. In this way, it is permitted to unwrap and rewrap the species on Yom Tov.

In the event that one did not prepare a wet towel before Yom Tov, one may wrap a dry towel around the species and then wash his hands above the towel, so that the water drips from his hands onto the towel.[389]

Arba Minim on Shabbos

The Arba Minim are not taken on Shabbos and are therefore *muktzeh*.[390] Regarding hydrating the species on Shabbos, see "Watering Species on Yom Tov," above.

389. שמירת שבת כהלכתה (פכ"ו הע' צ"ז). ואף דהוי פסיק רישיה לנתינת מים, ואסור ליתן מים לכתחלה וכנ"ל, מ"מ כיון שכל האיסור של נתינת מים לכתחלה הוא משום טירחא, היכא דטורח בדבר המותר, כגון ברחיצת ידים, אין לאסור, כן שמעתי מהגר"ש פעלדער שליט"א.

390. שו"ע (סי' תרנ"ח סע' ב'). ואף דכתב הרמ"א (שם) דאתרוג אינו מוקצה כיון דראוי להריח בו, פסק הג"ר שלמה זלמן איערבאך זצ"ל דבזמן הזה האתרוג עומד רק למצוה ולא להריח בו, וממילא מוקצה מחמת חסרון כיס (שמירת שבת כהלכתה פכ"ב הע' נ"ה). וכן הוא בשלמי יהודה (פ"א הע' מ"ז) בשם הגרי"ש אלישיב זצ"ל.

Mitzvah of Chinuch with Arba Minim

Once a child has reached the age of *chinuch*, where he can fulfill the mitzvah in the most basic fashion by waving the Arba Minim (even without knowing how to wave it in multiple directions), a parent should ensure that the child has a kosher set of Arba Minim to fulfill the mitzvah.[391] However, one is not required to ensure that the child has a set of Arba Minim that is *mehudar*, kosher according to the standards of *hiddur mitzvah*.[392]

See below regarding purchasing a separate set of Arba Minim for children. See footnote regarding girls who are minors fulfilling Arba Minim.[393]

Purchasing Arba Minim for — and From — a Minor

According to halachah, a minor can only acquire items and does not have the ability to relinquish

391. שו"ע (סי' תרנ"ז סע' א'), ושעה"צ (סק"ג).

392. חנוך לנער (פכ"ה סק"ב) על פי מש"כ הבה"ל (סי תרע"ה ד"ה לדידן) בשם הפוסקים שאין חיוב הידור מצוה בחינוך.

393. הנה, מנהג העולם הוא שגם בנות הקטנות מברכות על המינים. ובשיעורי הלכה תמה הגר"ש פעלדער שליט"א בזה, דבשלמא בקטנים י"ל שסומכין על השיטות שמצות חינוך מתקיימת גם בשאול. אבל בנשים, אף דקיי"ל דאשה גדולה מברכת על מצות עשה שהזמן גרמא שאינה מחוייבת בה, היינו משום שיש לה קיום מצוה. אך הכא דהוי שאול, הרי אין כאן קיום מצוה. ומה שקטן יכול לברך היינו משום חיוב, דחינוך מתקיים גם בשאול וכנ"ל. אך בקטנה הרי ליכא חיוב חינוך במצוה שאין האשה חייבת בה, ולפ"ז צ"ע במה שקטנות נוהגות לברך על לולב ביו"ט ראשון. ואף שאין צריך למחות בקטנה המברכת לעצמה, מ"מ אין להורות לה לברך. ועיי"ש בהערות מה שדן ליישב מנהג העולם.

ownership of an item. Consequently, if one were to gift the Arba Minim to a minor on the first day of Yom Tov, he would have no way of repossessing the Arba Minim, which would cause him to be unable to fulfill the mitzvah on Yom Tov Sheini (the second of the first days of Yom Tov outside of *Eretz Yisrael*).[394]

On Yom Tov Sheini, one may technically gift his lulav to a minor after he has already fulfilled the mitzvah, since on Chol HaMoed one may fulfill the mitzvah with borrowed Arba Minim (as above).[395] However, this practice is not *lechatchilah* since both the father and son should be holding the Arba Minim while reciting Hallel.[396]

For this reason, if one can afford to do so, he should purchase a set of Arba Minim for his child who is a

394. שו"ע (ס"ו). ולענין נער שהוא בן י"ג שנה, כתב הבה"ל (ד"ה לא יתננו) בשם הפמ"ג דכ"ז שלא ידעינן שהביא ב' שערות אין ליתן לו דספק תורה לחומרא. אמנם כתב בשם תשו' כתב סופר (סי' קכ"ט) דמותר לכתחלה ליתן לו משום חזקה דרבא וגם איכא ס"ס דשמא גם בפעוטות מותר כדעת הי"א, עכ"ד.

395. עי' במ"ב (סי' תרנ"ח ס"ק כ"ג) דגם ביו"ט שני אין ליתן לקטן קודם שקיים המצוה, דגם ביו"ט בעינן לכם. ובחזו"א (אה"ע סי' ע"ד) יצא לחדש דאף ביו"ט שני לאחר שקיים מצותו אין להקנות לקטן כיון דאח"כ א"א לקנותו ממנו אלא הוי שואל שלא מדעת כיון דאין לקטן דעת. אך באג"מ (או"ח ח"ב סי' ק"ז) נחלק על סברא זו, דאף שקטן א"י להקנות וגם לא קנין שאלה, מ"מ גזול לא הוי כיון דהקטן עכ"פ הניח לו ליקחנו, והפסול הוא רק בגזול, ואין צורך שיהיה קנוי לו בקנין שאלה.

396. עי' במ"ב (סי' תרנ"ז סק"ד) שכתב בשם הט"ז דאם ידו משגת טוב יותר שיקנה לו לולב כדי שיעשה הנענועים כדינו בשעת הלל עם הצבור., וכן נוגע דבר זה ביו"ט ראשון שחל בשבת דאף שאין נוטלין בו לולב ונמצא שביום שני שפיר יכול להקנות המינים לבנו לאחר שיצא ידי חובת לולב, מ"מ בשביל הנענועים אם ידו משגת טוב שיקנה לו וכנ"ל.

minor. Multiple minors may share one set of Arba Minim.[397]

If one cannot afford to purchase a separate set of Arba Minim for a minor, some authorities maintain that one may rely on the opinion that a minor may fulfill the mitzvah with borrowed Arba Minim.[398]

Because a minor cannot transfer ownership, one must be careful not to purchase Arba Minim from a minor who owns the Arba Minim.[399] However, if the minor is merely a salesperson on behalf of an adult who owns the Arba Minim, one may purchase Arba Minim from him.[400]

---

397. שיעורי הלכה להגר"ש פעלדער שליט"א, דאף דאין לקטן הקנאה, במילי דרבנן יש לו הקנאה, והלכך יכול לקנות המינים לאחד מהן, והוא יתן אותו לקטנים אחרים במתנה ע"מ להחזיר. או שיכול לקנות מינים לכל הילדים בשותפות, דבדרבנן אמרינן יש ברירה.

398. המ"ב (ס"ק כ"ח) מביא שיש מאחרונים שסוברין דמצות חינוך מתקיים גם בשאול, דהא גם בזה מתחנך הבן למצות כ"ז שהמינים כשרים. והנה, בשו"ת אג"מ (יו"ד ח"א סי' קל"ז, וח"ב סי' ק"ד) כתב דמדברי השער הציון (סי' תרנ"ח ס"ק ל"ו) משמע שנקט דמעיקר דדינא קיי"ל דמצות חינוך מתקיים גם בשאול. אך, באו"ח (ח"ג סו"ס צ"ה) כתב דמה שהקלו בזה ביוראפ היה משום העניות שלא היה באפשרי דרוב בני העירות לא היה אף לעצמן אתרוג אלא ברכו באתרוג של הקהל, ולא קיימו אף בעצמן מצות הנענועים בהלל, אבל בעצם הדין היה לן להחמיר, ולכן במדינתנו שב"ה השפיע בחסדו שפע ברכתו, וגם יש להשיג אתרוג ומיניו כשרים בזול, יש לכל אחד להחמיר ולקנות בעד כל קטן וקטן אתרוג ומיניו ביחוד שיהיה שלו ממש ויקיים האב מצות החינוך שעליו כדין.

399. בה"ל (סי' תרנ"ח סע' ו' ד"ה יתננו).

400. חנוך לנער (פכ"ה סק"ח), וקובץ מבית לוי (ח"ד עמ' ס"ג).

Women Taking Arba Minim

Women are not obligated in the mitzvah of Arba Minim, but may choose to do so, as is the case with most time-bound mitzvos. Indeed, many women have the custom to fulfill this mitzvah.[401] If a woman would like to borrow someone's Arba Minim, she would need to do so according to the details outlined above; see "Borrowing Arba Minim."

As mentioned above ("Eating Before Lulav"), according to some authorities, women who have the *minhag* to fulfill this mitzvah should refrain from eating beforehand, unless waiting poses difficulty.[402]

There is a difference of opinion among *poskim* whether a woman should remove rings from her fingers before taking the Arba Minim, in order not to have a *chatzitzah* — barrier.[403]

401. כתב רעק"א (בהשמטות לסי' א') דאף שנשים פטורות ממצות עשה שהזמן גרמא, מ"מ רוב הנשים מחמירות על עצמן וזהירות וזריזות לקיים רוב מצות עשה שהזמן גרמא, כגון שופר סוכה ולולב.

402. עיי"ש מה שהבאנו מקורות לזה.

403. כתב הרמ"א (סי' תרנ"א סע' ז') שנהגו להחמיר להסיר הטבעות. ובמ"ב (ס"ק ל"ו) כתב דכמה אחרונים כתבו דמדינא יש להחמיר בזה. ובהליכות שלמה (פי"א הע' כ"ה) מובא בשם הגרש"ז איערבאך זצ"ל, דאם מכוסה רק חלק קטן מן היד אשר גם בלי חלק זה נאחז הלולב, מסתבר דלא שייך כלל פסול חציצה. וכן נהגו בביתו שלא הסירו טבעותיהן קודם נטילת לולב. אמנם, כתב בשיעורי הלכה שדבר זה הוא נגד סתימת הפוסקים שכתבו דהמנהג להחמיר בטבעות ולא כתבו דאיירי דוקא באופן שיש לה כמה טבעות עד שרוב אצבעותיה מכוסות בהן. וכן החמיר בקובץ הלכות.

אושפיזין
Ushpizin

יציאה מן הסוכה
Farewell to the Succah

נטילת לולב
The Four Species/ Lulav and Esrog

⁜ USHPIZIN ⁜

Upon entering the *succah* we invite the *Ushpizin*-guests to join us, and we offer prayers that our fulfillment of the *mitzvah* of *succah* be found worthy of Divine favor. Customs vary regarding these prayers. Some recite the full text, others omit various paragraphs. [The first paragraph is said only by those who follow the *Sefirah* order of the *Ushpizin*-guests (see below).]

עוּלוּ *Enter, exalted holy guests, enter, exalted holy Patriarchs, to be seated in the shade of exalted faithfulness in the shade of the Holy One, Blessed is He. Enter, Abraham the beloved one, Moses the faithful shepherd, Aaron the holy Kohen, Joseph the righteous one, and David the anointed king. In succos you shall dwell, be seated, exalted guests, be seated; be seated, guests of faithfulness, be seated.*

הֲרֵינִי *Behold, I am prepared and ready to perform the commandment of succah as the Creator, Blessed is His Name, commanded me: In succos shall you dwell for seven days; every citizen in Israel shall dwell in succos; in order that your generations may know that I caused the Children of Israel to dwell in succos when I brought them forth from the land of Egypt.*[1]

Be seated, be seated, exalted guests; be seated, be seated, holy guests; be seated, be seated, guests of faithfulness; be seated in the shade of the Holy One, Blessed is He. Worthy is our portion, worthy is the portion of Israel, as it is written: For HASHEM'*s portion is His people, Jacob the lot of His heritage.*[2] *For the sake of the unification of the Holy One, Blessed is He, and His Presence, to unify the Name Yud-Kei with Vav-Kei in perfect unity through Him Who is hidden and inscrutable — [I pray] in the name of all Israel.*

May the pleasantness of my Lord, our God, be upon us — may He establish our handiwork for us; our handiwork may He establish.[3]

---

(1) *Leviticus* 23:42-43. (2) *Deuteronomy* 32:9. (3) *Psalms* 90:17.

אושפיזין

Upon entering the *succah* we invite the *Ushpizin*-guests to join us, and we offer prayers that our fulfillment of the *mitzvah* of *succah* be found worthy of Divine favor. Customs vary regarding these prayers. Some recite the full text, others omit various paragraphs. [The first paragraph is said only by those who follow the *Sefirah* order of the *Ushpizin*-guests (see below).]

עוּלוּ אוּשְׁפִּיזִין עִלָּאִין קַדִּישִׁין, עוּלוּ אֲבָהָן עִלָּאִין קַדִּישִׁין, לְמֵיתַב בְּצִלָּא דִמְהֵימְנוּתָא עִלָּאָה בְּצִלָּא דְקֻדְשָׁא בְּרִיךְ הוּא. לֵעוּל אַבְרָהָם רְחִימָא, וְעִמֵּיהּ יִצְחָק עֲקֵידְתָא, וְעִמֵּיהּ יַעֲקֹב שְׁלִמְתָּא, וְעִמֵּיהּ מֹשֶׁה רַעְיָא מְהֵימְנָא, וְעִמֵּיהּ אַהֲרֹן כַּהֲנָא קַדִּישָׁא, וְעִמֵּיהּ יוֹסֵף צַדִּיקָא, וְעִמֵּיהּ דָּוִד מַלְכָּא מְשִׁיחָא. בַּסֻּכּוֹת תֵּשְׁבוּ, תִּיבוּ אוּשְׁפִּיזִין עִלָּאִין תִּיבוּ, תִּיבוּ אוּשְׁפִּיזֵי מְהֵימְנוּתָא תִּיבוּ.

הֲרֵינִי מוּכָן וּמְזֻמָּן לְקַיֵּם מִצְוַת סֻכָּה כַּאֲשֶׁר צִוַּנִי הַבּוֹרֵא יִתְבָּרַךְ שְׁמוֹ: בַּסֻּכֹּת תֵּשְׁבוּ שִׁבְעַת יָמִים, כָּל הָאֶזְרָח בְּיִשְׂרָאֵל יֵשְׁבוּ בַּסֻּכֹּת. לְמַעַן יֵדְעוּ דֹרֹתֵיכֶם, כִּי בַסֻּכּוֹת הוֹשַׁבְתִּי אֶת בְּנֵי יִשְׂרָאֵל, בְּהוֹצִיאִי אוֹתָם מֵאֶרֶץ מִצְרָיִם.[1]

תִּיבוּ תִּיבוּ אוּשְׁפִּיזִין עִילָּאִין, תִּיבוּ תִּיבוּ אוּשְׁפִּיזִין קַדִּישִׁין, תִּיבוּ תִּיבוּ אוּשְׁפִּיזִין דִּמְהֵימְנוּתָא, תִּיבוּ בְּצִלָּא דְקֻדְשָׁא בְּרִיךְ הוּא. זַכָּאָה חוּלְקָנָא, וְזַכָּאָה חוּלְקֵיהוֹן דְּיִשְׂרָאֵל, דִּכְתִיב: כִּי חֵלֶק יהוה עַמּוֹ, יַעֲקֹב חֶבֶל נַחֲלָתוֹ.[2] לְשֵׁם יִחוּד קֻדְשָׁא בְּרִיךְ הוּא וּשְׁכִינְתֵּהּ, לְיַחֲדָא שֵׁם י״ה בְּו״ה בְּיִחוּדָא שְׁלִים עַל יְדֵי הַהוּא טָמִיר וְנֶעְלָם, בְּשֵׁם כָּל יִשְׂרָאֵל.

וִיהִי נֹעַם אֲדֹנָי אֱלֹהֵינוּ עָלֵינוּ, וּמַעֲשֵׂה יָדֵינוּ כּוֹנְנָה עָלֵינוּ, וּמַעֲשֵׂה יָדֵינוּ כּוֹנְנֵהוּ.[3]

יְהִי רָצוֹן *May it be Your will,* H*ASHEM, my God and the God of my forefathers, that You cause Your Presence to reside among us; that You spread over us the succah of Your peace — in the merit of the mitzvah of succah that we are fulfilling — to unify the Name of the Holy One, Blessed is He, and His Presence, in fear and love, to unify the Name Yud-Kei with Vav-Kei in perfect unity, in the name of all Israel; and to surround us with the aura of Your honor, holy and pure, spread over our heads from above like an eagle arousing its brood;*[1] *and from there cause an abundant outpouring of life for Your servant* (Hebrew name) *son of* (mother's Hebrew name) *Your handmaid. And in the merit of my leaving my house to go out — and I will enthusiastically pursue the path of Your commandments*[2] *— may this be reckoned for me as if I have wandered afar.*[3] *Cleanse me thoroughly from my iniquity, and from my sin purify me.*[4] *From the exalted guests, the guests of faithfulness, may Your ears hear abundant blessings. (To the hungry and thirsty, may You give their food and their unfailing supply of water.) May You endow me with the privilege to dwell and take refuge in the sheltering protection of Your wings — at the time of my departure from the world — to take refuge from the stream [of fire] and the [fiery] rain,*[5] *when You rain coals upon the wicked.*[6] *May this mitzvah of succah that I perform be reckoned as if I had fulfilled it in all its details, implications, and specifications, as well as all the mitzvos dependent on it. May You seal [the Book of Life] for our benefit, and allow us the opportunity to dwell many days upon the Land, the Holy Land, in Your service and in Your reverence. Blessed is* H*ASHEM forever, Amen and Amen.*[7]

(1) *Deuteronomy* 32:11. (2) Cf. *Psalms* 119:32. (3) Cf. 55:8.
(4) 51:4. (5) Cf. *Isaiah* 4:6. (6) Cf. *Psalms* 11:6. (7) 89:53.

יְהִי רָצוֹן מִלְּפָנֶיךָ, יהוה אֱלֹהַי וֵאלֹהֵי אֲבוֹתַי, שֶׁתַּשְׁרֶה שְׁכִינָתְךָ בֵּינֵינוּ, וְתִפְרוֹשׂ עָלֵינוּ סֻכַּת שְׁלוֹמֶךָ – בִּזְכוּת מִצְוַת סֻכָּה שֶׁאָנוּ מְקַיְּמִין – לְיַחֲדָא שְׁמָא דְקֻדְשָׁא בְּרִיךְ הוּא וּשְׁכִינְתֵּהּ, בִּדְחִילוּ וּרְחִימוּ, לְיַחֲדָא שֵׁם י״ה בְּו״ה בְּיִחוּדָא שְׁלִים, בְּשֵׁם כָּל יִשְׂרָאֵל, וּלְהַקִּיף אוֹתָנוּ מִזִּיו כְּבוֹדְךָ הַקָּדוֹשׁ וְהַטָּהוֹר, נָטוּי עַל רָאשֵׁינוּ מִלְמַעְלָה כְּנֶשֶׁר יָעִיר קִנּוֹ;[1] וּמִשָּׁם יַשְׁפַּע שֶׁפַע הַחַיִּים לְעַבְדְּךָ (Hebrew name) בֶּן (mother's Hebrew name) אֲמָתֶךָ. וּבִזְכוּת צֵאתִי מִבֵּיתִי הַחוּצָה – וְדֶרֶךְ מִצְוֹתֶיךָ אָרוּצָה[2] – יֵחָשֵׁב לִי בְּזֹאת כְּאִלּוּ הִרְחַקְתִּי נְדוֹד.[3] וְהֶרֶב כַּבְּסֵנִי מֵעֲוֹנִי, וּמֵחַטָּאתִי טַהֲרֵנִי.[4] וּמֵאוּשְׁפִּיזִין עִילָּאִין, אוּשְׁפִּיזִין דִּמְהֵימְנוּתָא, תִּהְיֶינָה אָזְנֶיךָ קַשֻּׁבוֹת רַב בְּרָכוֹת. (וְלָרְעֵבִים גַּם צְמֵאִים תֵּן לַחְמָם וּמֵימָם הַנֶּאֱמָנִים.) וְתִתֵּן לִי זְכוּת לָשֶׁבֶת וְלַחֲסוֹת בְּסֵתֶר צֵל כְּנָפֶיךָ – בְּעֵת פְּטִירָתִי מִן הָעוֹלָם – וְלַחֲסוֹת מִזֶּרֶם וּמִמָּטָר,[5] כִּי תַמְטִיר עַל רְשָׁעִים פַּחִים.[6] וּתְהֵא חֲשׁוּבָה מִצְוַת סֻכָּה זוּ שֶׁאֲנִי מְקַיֵּם כְּאִלּוּ קִיַּמְתִּיהָ בְּכָל פְּרָטֶיהָ וְדִקְדּוּקֶיהָ וּתְנָאֶיהָ וְכָל מִצְוֹת הַתְּלוּיִם בָּהּ. וְתֵיטִיב לָנוּ הַחֲתִימָה. וּתְזַכֵּנוּ לֵישֵׁב יָמִים רַבִּים עַל הָאֲדָמָה, אַדְמַת קֹדֶשׁ, בַּעֲבוֹדָתְךָ וּבְיִרְאָתֶךָ. בָּרוּךְ יהוה לְעוֹלָם, אָמֵן וְאָמֵן.[7]

רִבּוֹן *Master of all the worlds, may it be Your will that this mitzvah of dwelling in the succah be reckoned before You as if I had fulfilled it in all its details and implications, as well as the six hundred thirteen mitzvos that are dependent upon it; and as if I had concentrated upon all the intentions which the Men of the Great Assembly concentrated upon regarding it.*

There are two traditions regarding the order of the *Ushpizin.*

SEFIRAH ORDER

Each day: *I invite to my meal the exalted guests: Abraham, Isaac, Jacob, Moses, Aaron, Joseph, and David.*

On the first day: *May it please you, Abraham, my exalted guest, that all the other exalted guests dwell here with me and with you — Isaac, Jacob, Moses, Aaron, Joseph, and David.*

On the second day: *May it please you, Isaac, my exalted guest, that all the other exalted guests dwell here with me and with you — Abraham, Jacob, Moses, Aaron, Joseph, and David.*

On the third day: *May it please you, Jacob, my exalted guest, that all the other exalted guests dwell here with me and with you — Abraham, Isaac, Moses, Aaron, Joseph, and David.*

On the fourth day: *May it please you, Moses, my exalted guest, that all the other exalted guests dwell here with me and with you — Abraham, Isaac, Jacob, Aaron, Joseph, and David.*

On the fifth day: *May it please you, Aaron, my exalted guest, that all the other exalted guests dwell here with me and with you — Abraham, Isaac, Jacob, Moses, Joseph, and David.*

On the sixth day: *May it please you, Joseph, my exalted guest, that all the other exalted guests dwell here with me and with you — Abraham, Isaac, Jacob, Moses, Aaron, and David.*

On Hoshana Rabbah: *May it please you, David, my exalted guest, that all the other exalted guests dwell here with me and with you — Abraham, Isaac, Jacob, Moses, Aaron, and Joseph.*

רִבּוֹן כָּל הָעוֹלָמִים, יְהִי רָצוֹן מִלְּפָנֶיךָ שֶׁיְּהֵא חָשׁוּב לְפָנֶיךָ מִצְוַת יְשִׁיבַת סֻכָּה זוּ, כְּאִלּוּ קִיַּמְתִּיהָ בְּכָל פְּרָטֶיהָ וְדִקְדּוּקֶיהָ וְתַרְיַ״ג מִצְוֹת הַתְּלוּיִם בָּהּ, וּכְאִלּוּ כִּוַּנְתִּי בְּכָל הַכַּוָּנוֹת שֶׁכִּוְּנוּ בָהּ אַנְשֵׁי כְּנֶסֶת הַגְּדוֹלָה.

There are two traditions regarding the order of the *Ushpizin*.

SEFIRAH ORDER

Each day — אֲזַמֵּן לִסְעֻדָּתִי אֻשְׁפִּיזִין עִלָּאִין: אַבְרָהָם יִצְחָק יַעֲקֹב מֹשֶׁה אַהֲרֹן יוֹסֵף וְדָוִד.

On the first day — בְּמָטוּ מִנָּךְ אַבְרָהָם אֻשְׁפִּיזִי עִלָּאִי, דְּיֵתְבוּ עִמִּי וְעִמָּךְ כָּל אֻשְׁפִּיזֵי עִלָּאֵי, יִצְחָק יַעֲקֹב מֹשֶׁה אַהֲרֹן יוֹסֵף וְדָוִד.

On the second day — בְּמָטוּ מִנָּךְ יִצְחָק אֻשְׁפִּיזִי עִלָּאִי, דְּיֵתְבוּ עִמִּי וְעִמָּךְ כָּל אֻשְׁפִּיזֵי עִלָּאֵי, אַבְרָהָם יַעֲקֹב מֹשֶׁה אַהֲרֹן יוֹסֵף וְדָוִד.

On the third day — בְּמָטוּ מִנָּךְ יַעֲקֹב אֻשְׁפִּיזִי עִלָּאִי, דְּיֵתְבוּ עִמִּי וְעִמָּךְ כָּל אֻשְׁפִּיזֵי עִלָּאֵי, אַבְרָהָם יִצְחָק מֹשֶׁה אַהֲרֹן יוֹסֵף וְדָוִד.

On the fourth day — בְּמָטוּ מִנָּךְ מֹשֶׁה אֻשְׁפִּיזִי עִלָּאִי, דְּיֵתְבוּ עִמִּי וְעִמָּךְ כָּל אֻשְׁפִּיזֵי עִלָּאֵי, אַבְרָהָם יִצְחָק יַעֲקֹב אַהֲרֹן יוֹסֵף וְדָוִד.

On the fifth day — בְּמָטוּ מִנָּךְ אַהֲרֹן אֻשְׁפִּיזִי עִלָּאִי, דְּיֵתְבוּ עִמִּי וְעִמָּךְ כָּל אֻשְׁפִּיזֵי עִלָּאֵי, אַבְרָהָם יִצְחָק יַעֲקֹב מֹשֶׁה יוֹסֵף וְדָוִד.

On the sixth day — בְּמָטוּ מִנָּךְ יוֹסֵף אֻשְׁפִּיזִי עִלָּאִי, דְּיֵתְבוּ עִמִּי וְעִמָּךְ כָּל אֻשְׁפִּיזֵי עִלָּאֵי, אַבְרָהָם יִצְחָק יַעֲקֹב מֹשֶׁה אַהֲרֹן וְדָוִד.

On Hoshana Rabbah — בְּמָטוּ מִנָּךְ דָּוִד אֻשְׁפִּיזִי עִלָּאִי, דְּיֵתְבוּ עִמִּי וְעִמָּךְ כָּל אֻשְׁפִּיזֵי עִלָּאֵי, אַבְרָהָם יִצְחָק יַעֲקֹב מֹשֶׁה אַהֲרֹן וְיוֹסֵף.

CHRONOLOGICAL ORDER

Each day: *I invite to my meal the exalted guests: Abraham, Isaac, Jacob, Joseph, Moses, Aaron, and David.*

On the first day: *May it please you, Abraham, my exalted guest, that all the other exalted guests dwell here with me and with you — Isaac, Jacob, Joseph, Moses, Aaron, and David.*

On the second day: *May it please you, Isaac, my exalted guest, that all the other exalted guests dwell here with me and with you — Abraham, Jacob, Joseph, Moses, Aaron, and David.*

On the third day: *May it please you, Jacob, my exalted guest, that all the other exalted guests dwell here with me and with you — Abraham, Isaac, Joseph, Moses, Aaron, and David.*

On the fourth day: *May it please you, Joseph, my exalted guests, that all the other exalted guests dwell here with me and with you — Abraham, Isaac, Jacob, Moses, Aaron, and David.*

On the fifth day: *May it please you, Moses, my exalted guest, that all the other exalted guests dwell here with me and with you — Abraham, Isaac, Jacob, Joseph, Aaron, and David.*

On the sixth day: *May it please you, Aaron, my exalted guest, that all the other exalted guests dwell here with me and with you — Abraham, Isaac, Jacob, Joseph, Moses, and David.*

On Hoshana Rabbah: *May it please you, David, my exalted guest, that all the other exalted guests dwell here with me and with you — Abraham, Isaac, Jacob, Joseph, Moses, and Aaron.*

CHRONOLOGICAL ORDER

Each day – אֲזַמֵּן לִסְעֻדָּתִי אֻשְׁפִּיזִין עִלָּאִין: אַבְרָהָם יִצְחָק יַעֲקֹב יוֹסֵף מֹשֶׁה אַהֲרֹן וְדָוִד.

On the first day – בְּמָטוּ מִנָּךְ אַבְרָהָם אֻשְׁפִּיזִי עִלָּאִי, דְיֵתְבוּ עִמִּי וְעִמָּךְ כָּל אֻשְׁפִּיזֵי עִלָּאֵי, יִצְחָק יַעֲקֹב יוֹסֵף מֹשֶׁה אַהֲרֹן וְדָוִד.

On the second day – בְּמָטוּ מִנָּךְ יִצְחָק אֻשְׁפִּיזִי עִלָּאִי, דְיֵתְבוּ עִמִּי וְעִמָּךְ כָּל אֻשְׁפִּיזֵי עִלָּאֵי, אַבְרָהָם יַעֲקֹב יוֹסֵף מֹשֶׁה אַהֲרֹן וְדָוִד.

On the third day – בְּמָטוּ מִנָּךְ יַעֲקֹב אֻשְׁפִּיזִי עִלָּאִי, דְיֵתְבוּ עִמִּי וְעִמָּךְ כָּל אֻשְׁפִּיזֵי עִלָּאֵי, אַבְרָהָם יִצְחָק יוֹסֵף מֹשֶׁה אַהֲרֹן וְדָוִד.

On the fourth day – בְּמָטוּ מִנָּךְ יוֹסֵף אֻשְׁפִּיזִי עִלָּאִי, דְיֵתְבוּ עִמִּי וְעִמָּךְ כָּל אֻשְׁפִּיזֵי עִלָּאֵי, אַבְרָהָם יִצְחָק יַעֲקֹב מֹשֶׁה אַהֲרֹן וְדָוִד.

On the fifth day – בְּמָטוּ מִנָּךְ מֹשֶׁה אֻשְׁפִּיזִי עִלָּאִי, דְיֵתְבוּ עִמִּי וְעִמָּךְ כָּל אֻשְׁפִּיזֵי עִלָּאֵי, אַבְרָהָם יִצְחָק יַעֲקֹב יוֹסֵף אַהֲרֹן וְדָוִד.

On the sixth day – בְּמָטוּ מִנָּךְ אַהֲרֹן אֻשְׁפִּיזִי עִלָּאִי, דְיֵתְבוּ עִמִּי וְעִמָּךְ כָּל אֻשְׁפִּיזֵי עִלָּאֵי, אַבְרָהָם יִצְחָק יַעֲקֹב יוֹסֵף מֹשֶׁה וְדָוִד.

On Hoshana Rabbah – בְּמָטוּ מִנָּךְ דָּוִד אֻשְׁפִּיזִי עִלָּאִי, דְיֵתְבוּ עִמִּי וְעִמָּךְ כָּל אֻשְׁפִּיזֵי עִלָּאֵי, אַבְרָהָם יִצְחָק יַעֲקֹב יוֹסֵף מֹשֶׁה וְאַהֲרֹן.

FAREWELL TO THE SUCCAH

During the afternoon of Shemini Atzeres, before leaving the *succah* for the last time, it is customary to recite the following prayers:

יְהִי רָצוֹן *May it be Your will, HASHEM, our God and the God of our forefathers, that just as I have fulfilled [the mitzvah] and dwelled in this succah, so may I merit in the coming year to dwell in the succah of the skin of Leviathan.*

Next year in Jerusalem.

Some add:

רִבּוֹנָא *Master of the universe, may it be Your will that the holy angels connected with the mitzvah of succah and the mitzvah of the Four Species — lulav, esrog, hadas, aravah — that are performed during the Festival of Succos, accompany us when we leave the succah, and may they enter our homes with us in life and in peace. May there always be upon us a heavenly protection from Your holy abode, to save us from all sin and iniquity, from evil occurrences, from malevolent periods that are stirring to come upon the world. Arouse upon us a spirit from above; rejuvenate our inner source of counsel that we may serve You in truth, in love and in awe; that we may be diligent in the study of Your holy Torah, to study and to teach. May the merit of the Four Species and the mitzvah of succah stand by us, that You act with forbearance until we have returned to You in full repentance before You; may we rectify all that we have destroyed; may we merit both tables, with neither pain nor grief — myself, my household, and my offspring — may we all dwell placid and serene, vigorous and fresh, serving HASHEM in utmost truthfulness according to Your benevolent will, among all the Children of Israel; Amen. May the expression of my mouth and the thoughts of my heart find favor before You, HASHEM, my Rock and my Redeemer.*[1]

(1) *Psalms* 19:15.

יציאה מן הסוכה

During the afternoon of Shemini Atzeres, before leaving the *succah* for the last time, it is customary to recite the following prayers:

יְהִי רָצוֹן מִלְּפָנֶיךָ, יהוה אֱלֹהֵינוּ וֵאלֹהֵי אֲבוֹתֵינוּ, כְּשֵׁם שֶׁקִּיַּמְתִּי וְיָשַׁבְתִּי בְּסֻכָּה זוֹ, כֵּן אֶזְכֶּה לְשָׁנָה הַבָּאָה לֵישֵׁב בְּסֻכַּת עוֹרוֹ שֶׁל לִוְיָתָן.

לְשָׁנָה הַבָּאָה בִּירוּשָׁלָיִם.

Some add:

רִבּוֹנָא דְעָלְמָא, יְהֵא רַעֲוָה מִן קֳדָמָךְ שֶׁאוֹתָן מַלְאָכִים הַקְּדוֹשִׁים הַשַּׁיָּכִים לְמִצְוַת סֻכָּה, וּלְמִצְוַת אַרְבָּעָה מִינִים — לוּלָב וְאֶתְרוֹג, הֲדַס וַעֲרָבָה — הַנּוֹהֲגִים בְּחַג הַסֻּכּוֹת, הֵם יִתְלַווּ עִמָּנוּ בְּצֵאתֵנוּ מִן הַסֻּכָּה וְיִכָּנְסוּ עִמָּנוּ לְבָתֵּינוּ לְחַיִּים וּלְשָׁלוֹם. וְלִהְיוֹת תָּמִיד עָלֵינוּ שְׁמִירָה עֶלְיוֹנָה מִמְּעוֹן קָדְשֶׁךָ, וּלְהַצִּילֵנוּ מִכָּל חֵטְא וְעָוֹן, וּמִכָּל פְּגָעִים רָעִים, וּמִכָּל שָׁעוֹת רָעוֹת הַמִּתְרַגְּשׁוֹת לָבֹא לָעוֹלָם. וְתֵעָרֶה עָלֵינוּ רוּחַ מִמָּרוֹם; וְחַדֵּשׁ כִּלְיוֹתֵינוּ לְעָבְדְּךָ בֶּאֱמֶת, בְּאַהֲבָה וּבְיִרְאָה; וְנַתְמִיד מְאֹד בְּלִמּוּד תּוֹרָתְךָ הַקְּדוֹשָׁה, לִלְמוֹד וּלְלַמֵּד. וּזְכוּת אַרְבָּעָה מִינִים וּמִצְוַת סֻכָּה תַּעֲמֹד לָנוּ, שֶׁתַּאֲרִיךְ אַפְּךָ עַד שׁוּבֵנוּ אֵלֶיךָ בִּתְשׁוּבָה שְׁלֵמָה לְפָנֶיךָ; וּנְתַקֵּן כָּל אֲשֶׁר פָּגַמְנוּ; וְנִזְכֶּה לִשְׁתֵּי שֻׁלְחָנוֹת, בְּלִי צַעַר וְיָגוֹן — אֲנִי וּבְנֵי בֵיתִי וְיוֹצְאֵי חֲלָצַי — וְנִהְיֶה כֻלָּנוּ שְׁקֵטִים וּשְׁלֵוִים, דְּשֵׁנִים וְרַעֲנַנִּים, וְעוֹבְדֵי יהוה בֶּאֱמֶת לַאֲמִתּוֹ כִּרְצוֹנְךָ הַטּוֹב, בִּכְלַל כָּל בְּנֵי יִשְׂרָאֵל; אָמֵן. יִהְיוּ לְרָצוֹן אִמְרֵי פִי, וְהֶגְיוֹן לִבִּי לְפָנֶיךָ, יהוה צוּרִי וְגוֹאֲלִי.[1]

THE FOUR SPECIES/LULAV AND ESROG

Many recite the following declaration of intent before taking the Four Species:

יְהִי רָצוֹן *May it be Your will,* HASHEM, *my God and the God of my forefathers, that through the fruit of the esrog tree, date-palm branches, twigs of the myrtle tree, and brook willows,*[1] *the letters of Your unified Name may become close to one another, that they may become united in my hand; and to make known that Your Name is called upon me, that [evil forces] may be fearful of approaching me. And when I wave them, may an abundant outpouring of blessings flow from the wisdom of the Most High to the abode of the tabernacle, to the prepared place of the House of our God. And may the mitzvah of these Four Species be reckoned before You as if I had fulfilled it with all its particulars, roots, and the six hundred thirteen mitzvos dependent on it. For my intention is to unify the Name of the Holy One, Blessed is He, and His Presence, in awe and in love, to unify the Name Yud-Kei with Vav-Kei in perfect unity, in the name of all Israel; Amen. Blessed is* HASHEM *forever, Amen and Amen.*[2]

The Four Species — *lulav, hadassim, aravos, esrog* — are taken in hand every day of Succos — through *Hoshana Rabbah* — except on the Sabbath. The *lulav*-bundle is picked up with the right hand, then the *esrog* (with the *pitam* facing down) with the left. After the blessings are recited, the *esrog* is turned over and the Four Species are waved in the six directions.

בָּרוּךְ *Blessed are You,* HASHEM, *our God, King of the universe, Who has sanctified us with His commandments and has commanded us concerning the taking of a palm branch.*

The following blessing is added only on the first day that the Four Species are taken.

בָּרוּךְ *Blessed are You,* HASHEM, *our God, King of the universe, Who has kept us alive, sustained us, and brought us to this season.*

(1) Cf. *Leviticus* 23:40. (2) *Psalms* 89:53.

נטילת לולב

Many recite the following declaration of intent before taking the Four Species:

יְהִי רָצוֹן מִלְּפָנֶיךָ, יהוה אֱלֹהַי וֵאלֹהֵי אֲבוֹתַי, בִּפְרִי עֵץ הָדָר, וְכַפּוֹת תְּמָרִים, וַעֲנַף עֵץ עָבוֹת, וְעַרְבֵי נָחַל,[1] אוֹתִיּוֹת שִׁמְךָ הַמְּיֻחָד תְּקָרֵב אֶחָד אֶל אֶחָד, וְהָיוּ לַאֲחָדִים בְּיָדִי, וְלֵידַע אֵיךְ שִׁמְךָ נִקְרָא עָלַי, וְיִירְאוּ מִגֶּשֶׁת אֵלָי. וּבְנַעֲנוּעִי אוֹתָם תַּשְׁפִּיעַ שֶׁפַע בְּרָכוֹת מִדַּעַת עֶלְיוֹן לִנְוֵה אַפִּרְיוֹן, לִמְכוֹן בֵּית אֱלֹהֵינוּ. וּתְהֵא חֲשׁוּבָה לְפָנֶיךָ מִצְוַת אַרְבָּעָה מִינִים אֵלּוּ, כְּאִלּוּ קִיַּמְתִּיהָ בְּכָל פְּרָטוֹתֶיהָ וְשָׁרָשֶׁיהָ וְתַרְיַ״ג מִצְוֹת הַתְּלוּיִם בָּהּ. כִּי כַוָּנָתִי לְיַחֲדָא שְׁמָא דְקֻדְשָׁא בְּרִיךְ הוּא וּשְׁכִינְתֵּהּ, בִּדְחִילוּ וּרְחִימוּ, לְיַחֵד שֵׁם י״ה בְּו״ה בְּיִחוּדָא שְׁלִים, בְּשֵׁם כָּל יִשְׂרָאֵל. אָמֵן. בָּרוּךְ יהוה לְעוֹלָם, אָמֵן, וְאָמֵן.[2]

The Four Species — *lulav, hadassim, aravos, esrog* — are taken in hand every day of Succos — through *Hoshana Rabbah* — except on the Sabbath. The *lulav*-bundle is picked up with the right hand, then the *esrog* (with the *pitam* facing down) with the left. After the blessings are recited, the *esrog* is turned over and the Four Species are waved in the six directions.

בָּרוּךְ אַתָּה יהוה אֱלֹהֵינוּ מֶלֶךְ הָעוֹלָם, אֲשֶׁר קִדְּשָׁנוּ בְּמִצְוֹתָיו, וְצִוָּנוּ עַל נְטִילַת לוּלָב.

The following blessing is added only on the first day that the Four Species are taken.

בָּרוּךְ אַתָּה יהוה אֱלֹהֵינוּ מֶלֶךְ הָעוֹלָם, שֶׁהֶחֱיָנוּ וְקִיְּמָנוּ וְהִגִּיעָנוּ לַזְּמַן הַזֶּה.

ברכת המזון
Grace After Meals

GRACE AFTER MEALS

It is customary to recite Psalm 126 before *Bircas HaMazon* on the Sabbath and Festivals.

Psalm 137

עַל *By the rivers of Babylon — there we sat and also wept when we remembered Zion. On the willows within it we hung our lyres. For there our captors requested words of song from us, with our lyres [playing] joyous music, "Sing for us from Zion's song!" "How can we sing the song of HASHEM upon the alien's soil?" If I forget you, O Jerusalem, let my right hand forget its skill. Let my tongue adhere to my palate if I fail to recall you, if I fail to elevate Jerusalem above my foremost joy. Remember, HASHEM, for the offspring of Edom, the day of Jerusalem — for those who say "Destroy! Destroy! to its very foundation." O violated daughter of Babylon — praiseworthy is he who repays you in accordance with the manner that you treated us. Praiseworthy is he who will clutch and dash your infants against the rock.*

Psalm 126

שִׁיר הַמַּעֲלוֹת *A song of ascents. When HASHEM will return the captivity of Zion, we will be like dreamers. Then our mouth will be filled with laughter and our tongue with glad song. Then they will declare among the nations, "HASHEM has done greatly with these." HASHEM has done greatly with us, we were gladdened. O HASHEM — return our captivity like springs in the desert. Those who tearfully sow will reap in glad song. He who bears the measure of seeds walks along weeping, but will return in exultation, a bearer of his sheaves.*

תְּהִלַּת *May my mouth declare the praise of HASHEM and may all flesh bless His Holy Name forever.*[1] *We will bless God from this time and forever, Halleluyah!*[2] *Give thanks to HASHEM for He is good, His kindness endures forever.*[3] *Who can express the mighty acts of HASHEM? Who can declare all His praise?*[4]

Behold I am prepared and ready to perform the positive commandment of Bircas HaMazon, for it is said: "And you shall eat and you shall be satisfied and you shall bless HASHEM, your God, for the good land which He gave you."[5]

(1) *Psalms* 145:21. (2) 115:18. (3) 118:1. (4) 106:2. (5) *Deuteronomy* 8:10.

ברכת המזון

It is customary to recite Psalm 126 before *Bircas HaMazon* on the Sabbath and Festivals.

תהלים קלז

עַל נַהֲרוֹת בָּבֶל, שָׁם יָשַׁבְנוּ גַּם בָּכִינוּ, בְּזָכְרֵנוּ אֶת צִיּוֹן. עַל עֲרָבִים בְּתוֹכָהּ תָּלִינוּ כִּנֹּרוֹתֵינוּ. כִּי שָׁם שְׁאֵלוּנוּ שׁוֹבֵינוּ דִּבְרֵי שִׁיר וְתוֹלָלֵינוּ שִׂמְחָה, שִׁירוּ לָנוּ מִשִּׁיר צִיּוֹן. אֵיךְ נָשִׁיר אֶת שִׁיר יהוה, עַל אַדְמַת נֵכָר. אִם אֶשְׁכָּחֵךְ יְרוּשָׁלָיִם, תִּשְׁכַּח יְמִינִי. תִּדְבַּק לְשׁוֹנִי לְחִכִּי, אִם לֹא אֶזְכְּרֵכִי, אִם לֹא אַעֲלֶה אֶת יְרוּשָׁלַיִם עַל רֹאשׁ שִׂמְחָתִי. זְכֹר יהוה לִבְנֵי אֱדוֹם אֵת יוֹם יְרוּשָׁלָיִם, הָאֹמְרִים עָרוּ עָרוּ, עַד הַיְסוֹד בָּהּ. בַּת בָּבֶל הַשְּׁדוּדָה, אַשְׁרֵי שֶׁיְּשַׁלֶּם לָךְ אֶת גְּמוּלֵךְ שֶׁגָּמַלְתְּ לָנוּ. אַשְׁרֵי שֶׁיֹּאחֵז וְנִפֵּץ אֶת עֹלָלַיִךְ אֶל הַסָּלַע.

תהלים קכו

שִׁיר הַמַּעֲלוֹת, בְּשׁוּב יהוה אֶת שִׁיבַת צִיּוֹן, הָיִינוּ כְּחֹלְמִים. אָז יִמָּלֵא שְׂחוֹק פִּינוּ וּלְשׁוֹנֵנוּ רִנָּה, אָז יֹאמְרוּ בַגּוֹיִם, הִגְדִּיל יהוה לַעֲשׂוֹת עִם אֵלֶּה. הִגְדִּיל יהוה לַעֲשׂוֹת עִמָּנוּ, הָיִינוּ שְׂמֵחִים. שׁוּבָה יהוה אֶת שְׁבִיתֵנוּ, כַּאֲפִיקִים בַּנֶּגֶב. הַזֹּרְעִים בְּדִמְעָה בְּרִנָּה יִקְצֹרוּ. הָלוֹךְ יֵלֵךְ וּבָכֹה נֹשֵׂא מֶשֶׁךְ הַזָּרַע, בֹּא יָבֹא בְרִנָּה, נֹשֵׂא אֲלֻמֹּתָיו.

תְּהִלַּת יהוה יְדַבֶּר פִּי, וִיבָרֵךְ כָּל בָּשָׂר שֵׁם קָדְשׁוֹ לְעוֹלָם וָעֶד.[1] וַאֲנַחְנוּ נְבָרֵךְ יָהּ, מֵעַתָּה וְעַד עוֹלָם, הַלְלוּיָהּ.[2] הוֹדוּ לַיהוה כִּי טוֹב, כִּי לְעוֹלָם חַסְדּוֹ.[3] מִי יְמַלֵּל גְּבוּרוֹת יהוה, יַשְׁמִיעַ כָּל תְּהִלָּתוֹ.[4]

הִנְנִי מוּכָן וּמְזֻמָּן לְקַיֵּם מִצְוַת עֲשֵׂה שֶׁל בִּרְכַּת הַמָּזוֹן, שֶׁנֶּאֱמַר: וְאָכַלְתָּ וְשָׂבָעְתָּ, וּבֵרַכְתָּ אֶת יהוה אֱלֹהֶיךָ, עַל הָאָרֶץ הַטֹּבָה אֲשֶׁר נָתַן לָךְ.[5]

ZIMUN/INVITATION

If three or more males, aged thirteen or older, participate in a meal, a leader is appointed to formally invite the others to join him in the recitation of Grace After Meals.

Leader – *Gentlemen, let us bless.*

Others – *Blessed be the Name of* HASHEM *from this time and forever!*[1]

If ten men join in the *zimun,* the words in brackets are added.

Leader – *Blessed be the Name of* HASHEM *from this time and forever!*[1] *With the permission of the distinguished people present, let us bless [our God,] He of Whose we have eaten.*

Others – *Blessed is [our God,] He of Whose we have eaten and through Whose goodness we live.*

Those who have not eaten respond:

Blessed is He [our God] and blessed is His Name continuously forever.

Leader – *Blessed is [our God,] He of Whose we have eaten and through Whose goodness we live.*

All – *Blessed is He and Blessed is His Name.*

The *zimun* leader recites Grace After Meals (at least the first blessing and the conclusion of the others) aloud. Other than the *Amen* response at the conclusion of each blessing, Grace After Meals may not be interrupted except for those responses permitted during the *Shema.*

FIRST BLESSING: FOR THE NOURISHMENT

בָּרוּךְ *Blessed are You,* HASHEM, *our God, King of the universe, Who nourishes the entire world, in His goodness — with grace, with kindness, and with mercy. He gives nourishment to all flesh, for His kindness is eternal.*[2] *And through His great goodness, we have never lacked, and may we never lack, nourishment, for all eternity. For the sake of His Great Name, because He is God Who nourishes and sustains all, and benefits all, and He prepares food for all of His creatures which He has created.* Leader – *Blessed are You,* HASHEM, *Who nourishes all.* (Others – *Amen.*)

SECOND BLESSING: FOR THE LAND

נוֹדֶה *We thank You,* HASHEM, *our God, because You have given to our forefathers as a heritage a desirable, good and spacious land; because You removed us,* HASHEM, *our God, from the land of Egypt and You redeemed us from the house of bondage; for Your covenant which You sealed in our flesh; for Your Torah which You taught us and for Your statutes which You made known to us; for life, grace, and lovingkindness which You granted us; and for the provision of food with which You*

(1) *Psalms* 113:2. (2) 136:25.

זימון

If three or more males, aged thirteen or older, participate in a meal, a leader is appointed to formally invite the others to join him in the recitation of *Bircas HaMazon*.

Leader – רַבּוֹתַי מִיר וֶועלֶען בֶּענְטְשֶׁען [רַבּוֹתַי נְבָרֵךְ].

Others – יְהִי שֵׁם יהוה מְבֹרָךְ מֵעַתָּה וְעַד עוֹלָם.[1]

If ten men join in the *zimun*, the words in parentheses are added.

Leader – יְהִי שֵׁם יהוה מְבֹרָךְ מֵעַתָּה וְעַד עוֹלָם.[1]

בִּרְשׁוּת מָרָנָן וְרַבָּנָן וְרַבּוֹתַי, נְבָרֵךְ (אֱלֹהֵינוּ) שֶׁאָכַלְנוּ מִשֶּׁלּוֹ.

Others – בָּרוּךְ (אֱלֹהֵינוּ) שֶׁאָכַלְנוּ מִשֶּׁלּוֹ וּבְטוּבוֹ חָיִינוּ.

Those who have not eaten respond:

בָּרוּךְ (אֱלֹהֵינוּ) וּמְבֹרָךְ שְׁמוֹ תָּמִיד לְעוֹלָם וָעֶד.

Leader – בָּרוּךְ (אֱלֹהֵינוּ) שֶׁאָכַלְנוּ מִשֶּׁלּוֹ וּבְטוּבוֹ חָיִינוּ.

All – בָּרוּךְ הוּא וּבָרוּךְ שְׁמוֹ.

The *zimun* leader recites Grace After Meals (at least the first blessing and the conclusion of the others) aloud. Other than the *Amen* response at the conclusion of each blessing, Grace After Meals may not be interrupted except for those responses permitted during the *Shema*.

הברכה הראשונה – ברכת הזן

בָּרוּךְ אַתָּה יהוה אֱלֹהֵינוּ מֶלֶךְ הָעוֹלָם, הַזָּן אֶת הָעוֹלָם כֻּלּוֹ, בְּטוּבוֹ, בְּחֵן בְּחֶסֶד וּבְרַחֲמִים, הוּא נֹתֵן לֶחֶם לְכָל בָּשָׂר, כִּי לְעוֹלָם חַסְדּוֹ.[2] וּבְטוּבוֹ הַגָּדוֹל, תָּמִיד לֹא חָסַר לָנוּ, וְאַל יֶחְסַר לָנוּ מָזוֹן לְעוֹלָם וָעֶד. בַּעֲבוּר שְׁמוֹ הַגָּדוֹל, כִּי הוּא אֵל זָן וּמְפַרְנֵס לַכֹּל, וּמֵטִיב לַכֹּל, וּמֵכִין מָזוֹן לְכָל בְּרִיּוֹתָיו אֲשֶׁר בָּרָא. ❖ בָּרוּךְ אַתָּה יהוה, הַזָּן אֶת הַכֹּל. (Others – אָמֵן.)

הברכה השניה – ברכת הארץ

נוֹדֶה לְּךָ יהוה אֱלֹהֵינוּ, עַל שֶׁהִנְחַלְתָּ לַאֲבוֹתֵינוּ אֶרֶץ חֶמְדָּה טוֹבָה וּרְחָבָה. וְעַל שֶׁהוֹצֵאתָנוּ יהוה אֱלֹהֵינוּ מֵאֶרֶץ מִצְרַיִם, וּפְדִיתָנוּ מִבֵּית עֲבָדִים, וְעַל בְּרִיתְךָ שֶׁחָתַמְתָּ בִּבְשָׂרֵנוּ, וְעַל תּוֹרָתְךָ שֶׁלִּמַּדְתָּנוּ, וְעַל חֻקֶּיךָ שֶׁהוֹדַעְתָּנוּ, וְעַל חַיִּים חֵן וָחֶסֶד שֶׁחוֹנַנְתָּנוּ, וְעַל אֲכִילַת מָזוֹן שָׁאַתָּה

nourish and sustain us constantly, in every day, in every season, and in every hour.

On Chanukah and Purim add the following:

(וְ)עַל *(And) for the miracles, and for the salvation, and for the mighty deeds, and for the victories, and for the battles which You performed for our forefathers in those days, at this time.*

On Chanukah:

בִּימֵי *In the days of Mattisyahu, the son of Yochanan, the High Priest, the Hasmonean, and his sons — when the wicked Greek kingdom rose up against Your people Israel to make them forget Your Torah and compel them to stray from the statutes of Your Will — You in Your great mercy stood up for them in the time of their distress. You took up their grievance, judged their claim, and avenged their wrong.*[1] *You delivered the strong into the hands of the weak, the many into the hands of the few, the impure into the hands of the pure, the wicked into the hands of the righteous, and the wanton into the hands of the diligent students of Your Torah. For Yourself You made a great and holy Name in Your world, and for Your people Israel you worked a great victory*[2] *and salvation as this very day. Thereafter, Your children came to the Holy of Holies of Your House, cleansed Your Temple, purified the site of Your Holiness and kindled lights in the Courtyards of Your Sanctuary; and they established these eight days of Chanukah to express thanks and praise to Your great Name.*

On Purim:

בִּימֵי *In the days of Mordechai and Esther, in Shushan, the capital, when Haman, the wicked, rose up against them and sought to destroy, to slay, and to exterminate all the Jews, young and old, infants and women, on the same day, on the thirteenth of the twelfth month which is the month of Adar, and to plunder their possessions.*[3] *But You, in Your abundant mercy, nullified his counsel and frustrated his intention and caused his design to return upon his own head and they hanged him and his sons on the gallows.*

וְעַל הַכֹּל *For all, Hashem, our God, we thank You and bless You. May Your Name be blessed by the mouth of all the living, continuously for all eternity. As it is written: "And you shall eat and you shall be satisfied and you shall bless Hashem, your God, for the good land which He gave you."*[4] Leader– *Blessed are You, Hashem, for the land and for the nourishment.* (Others– *Amen.*)

THIRD BLESSING: FOR JERUSALEM

רַחֵם *Have mercy, Hashem, our God, on Israel Your people; on Jerusalem Your city; on Zion, the resting place of Your Glory; on the monarchy of the house of David, Your anointed; and on the great and holy House upon which Your Name is called.*

זָן וּמְפַרְנֵס אוֹתָנוּ תָּמִיד, בְּכָל יוֹם וּבְכָל עֵת וּבְכָל שָׁעָה.

On Chanukah and Purim add the following:

(וְ)עַל הַנִּסִּים, וְעַל הַפֻּרְקָן, וְעַל הַגְּבוּרוֹת, וְעַל הַתְּשׁוּעוֹת, וְעַל הַמִּלְחָמוֹת, שֶׁעָשִׂיתָ לַאֲבוֹתֵינוּ בַּיָּמִים הָהֵם בַּזְּמַן הַזֶּה.

On Chanukah:

בִּימֵי מַתִּתְיָהוּ בֶּן יוֹחָנָן כֹּהֵן גָּדוֹל חַשְׁמוֹנָאִי וּבָנָיו, כְּשֶׁעָמְדָה מַלְכוּת יָוָן הָרְשָׁעָה עַל עַמְּךָ יִשְׂרָאֵל, לְהַשְׁכִּיחָם תּוֹרָתֶךָ, וּלְהַעֲבִירָם מֵחֻקֵּי רְצוֹנֶךָ. וְאַתָּה בְּרַחֲמֶיךָ הָרַבִּים, עָמַדְתָּ לָהֶם בְּעֵת צָרָתָם, רַבְתָּ אֶת רִיבָם, דַּנְתָּ אֶת דִּינָם, נָקַמְתָּ אֶת נִקְמָתָם.[1] מָסַרְתָּ גִבּוֹרִים בְּיַד חַלָּשִׁים, וְרַבִּים בְּיַד מְעַטִּים, וּטְמֵאִים בְּיַד טְהוֹרִים, וּרְשָׁעִים בְּיַד צַדִּיקִים, וְזֵדִים בְּיַד עוֹסְקֵי תוֹרָתֶךָ. וּלְךָ עָשִׂיתָ שֵׁם גָּדוֹל וְקָדוֹשׁ בְּעוֹלָמֶךָ, וּלְעַמְּךָ יִשְׂרָאֵל עָשִׂיתָ תְּשׁוּעָה גְדוֹלָה[2] וּפֻרְקָן כְּהַיּוֹם הַזֶּה. וְאַחַר כֵּן בָּאוּ בָנֶיךָ לִדְבִיר בֵּיתֶךָ, וּפִנּוּ אֶת הֵיכָלֶךָ, וְטִהֲרוּ אֶת מִקְדָּשֶׁךָ, וְהִדְלִיקוּ נֵרוֹת בְּחַצְרוֹת קָדְשֶׁךָ, וְקָבְעוּ שְׁמוֹנַת יְמֵי חֲנֻכָּה אֵלּוּ, לְהוֹדוֹת וּלְהַלֵּל לְשִׁמְךָ הַגָּדוֹל.

On Purim:

בִּימֵי מָרְדְּכַי וְאֶסְתֵּר בְּשׁוּשַׁן הַבִּירָה, כְּשֶׁעָמַד עֲלֵיהֶם הָמָן הָרָשָׁע, בִּקֵּשׁ לְהַשְׁמִיד לַהֲרֹג וּלְאַבֵּד אֶת כָּל הַיְּהוּדִים, מִנַּעַר וְעַד זָקֵן, טַף וְנָשִׁים בְּיוֹם אֶחָד, בִּשְׁלוֹשָׁה עָשָׂר לְחֹדֶשׁ שְׁנֵים עָשָׂר, הוּא חֹדֶשׁ אֲדָר, וּשְׁלָלָם לָבוֹז.[3] וְאַתָּה בְּרַחֲמֶיךָ הָרַבִּים הֵפַרְתָּ אֶת עֲצָתוֹ, וְקִלְקַלְתָּ אֶת מַחֲשַׁבְתּוֹ, וַהֲשֵׁבוֹתָ לּוֹ גְּמוּלוֹ בְּרֹאשׁוֹ, וְתָלוּ אוֹתוֹ וְאֶת בָּנָיו עַל הָעֵץ.

וְעַל הַכֹּל יהוה אֱלֹהֵינוּ אֲנַחְנוּ מוֹדִים לָךְ, וּמְבָרְכִים אוֹתָךְ, יִתְבָּרַךְ שִׁמְךָ בְּפִי כָּל חַי תָּמִיד לְעוֹלָם וָעֶד. כַּכָּתוּב, וְאָכַלְתָּ וְשָׂבָעְתָּ, וּבֵרַכְתָּ אֶת יהוה אֱלֹהֶיךָ, עַל הָאָרֶץ הַטֹּבָה אֲשֶׁר נָתַן לָךְ.[4] ❖ בָּרוּךְ אַתָּה יהוה, עַל הָאָרֶץ וְעַל הַמָּזוֹן. (Others – אָמֵן.)

הברכה השלישית – בנין ירושלים

רַחֵם (נָא) יהוה אֱלֹהֵינוּ עַל יִשְׂרָאֵל עַמֶּךָ, וְעַל יְרוּשָׁלַיִם עִירֶךָ, וְעַל צִיּוֹן מִשְׁכַּן כְּבוֹדֶךָ, וְעַל מַלְכוּת בֵּית דָּוִד מְשִׁיחֶךָ, וְעַל הַבַּיִת הַגָּדוֹל וְהַקָּדוֹשׁ שֶׁנִּקְרָא שִׁמְךָ עָלָיו.

(1) Cf. *Jeremiah* 51:36. (2) Cf. *I Samuel* 19:5. (3) *Esther* 3:13. (4) *Deuteronomy* 8:10.

Our God, our Father — tend us, nourish us, sustain us, support us, relieve us; HASHEM, our God, grant us speedy relief from all our troubles. Please, make us not needful — HASHEM, our God — of the gifts of human hands nor of their loans, but only of Your Hand that is full, open, holy, and generous, that we not feel inner shame nor be humiliated for ever and ever.

On the Sabbath add the following: [If forgotten, see p. 199.]

רְצֵה *May it please You, HASHEM, our God — give us rest through Your commandments and through the commandment of the Seventh Day, this great and holy Sabbath. For this day is great and holy before You to rest on it and be content on it in love, as ordained by Your will. May it be Your will, HASHEM, our God, that there be no distress, grief, or lament on this day of our contentment. And show us, HASHEM, our God, the consolation of Zion, Your city, and the rebuilding of Jerusalem, City of Your holiness, for You are the Master of salvations and Master of consolations.*

On Rosh Chodesh, Chol HaMoed, and Festivals add: [If forgotten, see p. 199.]

אֱלֹהֵינוּ *Our God and God of our forefathers, may there rise, come, reach, be noted, be favored, be heard, be considered, and be remembered — the remembrance and consideration of ourselves; the remembrance of our forefathers; the remembrance of Messiah, son of David, Your servant; the remembrance of Jerusalem, the City of Your Holiness; and the remembrance of Your entire people, the Family of Israel — before You for deliverance, for goodness, for grace, for kindness, and for compassion, for life, and for peace on this day of*

Rosh Chodesh:	Pesach:	Shavuos:
Rosh Chodesh.	*the Festival of Matzos.*	*the Shavuos Festival.*
Rosh Hashanah:	Succos:	Shemini Atzeres/Simchas Torah:
Remembrance.	*the Succos Festival.*	*the Shemini Atzeres Festival.*

Remember us on it, HASHEM, our God, for goodness; consider us on it for blessing; and help us on it for life. In the matter of salvation and compassion, pity, be gracious and compassionate with us and help us, for our eyes are turned to You, because You are God, the gracious and compassionate (King).[1]

וּבְנֵה Leader – *Rebuild Jerusalem, the Holy City, soon in our days. Blessed are You, HASHEM, Who rebuilds Jerusalem (in His mercy). Amen.* (Others – *Amen.*)

[When required, the compensatory blessing (p. 199) is recited here.]

(1) Cf. *Nehemiah* 9:31.

אֱלֹהֵינוּ אָבִינוּ רְעֵנוּ זוּנֵנוּ פַּרְנְסֵנוּ וְכַלְכְּלֵנוּ וְהַרְוִיחֵנוּ, וְהַרְוַח לָנוּ יהוה אֱלֹהֵינוּ מְהֵרָה מִכָּל צָרוֹתֵינוּ. וְנָא אַל תַּצְרִיכֵנוּ יהוה אֱלֹהֵינוּ, לֹא לִידֵי מַתְּנַת בָּשָׂר וָדָם, וְלֹא לִידֵי הַלְוָאָתָם, כִּי אִם לְיָדְךָ הַמְּלֵאָה הַפְּתוּחָה הַקְּדוֹשָׁה וְהָרְחָבָה, שֶׁלֹּא נֵבוֹשׁ וְלֹא נִכָּלֵם לְעוֹלָם וָעֶד.

On the Sabbath add the following: [If forgotten, see p. 199.]

רְצֵה וְהַחֲלִיצֵנוּ יהוה אֱלֹהֵינוּ בְּמִצְוֹתֶיךָ, וּבְמִצְוַת יוֹם הַשְּׁבִיעִי הַשַּׁבָּת הַגָּדוֹל וְהַקָּדוֹשׁ הַזֶּה, כִּי יוֹם זֶה גָּדוֹל וְקָדוֹשׁ הוּא לְפָנֶיךָ, לִשְׁבָּת בּוֹ וְלָנוּחַ בּוֹ בְּאַהֲבָה כְּמִצְוַת רְצוֹנֶךָ, וּבִרְצוֹנְךָ הָנִיחַ לָנוּ יהוה אֱלֹהֵינוּ, שֶׁלֹּא תְהֵא צָרָה וְיָגוֹן וַאֲנָחָה בְּיוֹם מְנוּחָתֵנוּ, וְהַרְאֵנוּ יהוה אֱלֹהֵינוּ בְּנֶחָמַת צִיּוֹן עִירֶךָ, וּבְבִנְיַן יְרוּשָׁלַיִם עִיר קָדְשֶׁךָ, כִּי אַתָּה הוּא בַּעַל הַיְשׁוּעוֹת וּבַעַל הַנֶּחָמוֹת.

On Rosh Chodesh, Chol HaMoed, and Festivals add: [If forgotten, see p. 199.]

אֱלֹהֵינוּ וֵאלֹהֵי אֲבוֹתֵינוּ, יַעֲלֶה, וְיָבֹא, וְיַגִּיעַ, וְיֵרָאֶה, וְיֵרָצֶה, וְיִשָּׁמַע, וְיִפָּקֵד, וְיִזָּכֵר זִכְרוֹנֵנוּ וּפִקְדוֹנֵנוּ, וְזִכְרוֹן אֲבוֹתֵינוּ, וְזִכְרוֹן מָשִׁיחַ בֶּן דָּוִד עַבְדֶּךָ, וְזִכְרוֹן יְרוּשָׁלַיִם עִיר קָדְשֶׁךָ, וְזִכְרוֹן כָּל עַמְּךָ בֵּית יִשְׂרָאֵל לְפָנֶיךָ, לִפְלֵיטָה לְטוֹבָה לְחֵן וּלְחֶסֶד וּלְרַחֲמִים, לְחַיִּים וּלְשָׁלוֹם בְּיוֹם

Rosh Chodesh: רֹאשׁ הַחֹדֶשׁ הַזֶּה. Pesach: חַג הַמַּצּוֹת הַזֶּה. Shavuos: חַג הַשָּׁבֻעוֹת הַזֶּה.

Rosh Hashanah: הַזִּכָּרוֹן הַזֶּה. Succos: חַג הַסֻּכּוֹת הַזֶּה. Shemini Atzeres/Simchas Torah: הַשְּׁמִינִי חַג הָעֲצֶרֶת הַזֶּה.

זָכְרֵנוּ יהוה אֱלֹהֵינוּ בּוֹ לְטוֹבָה, וּפָקְדֵנוּ בוֹ לִבְרָכָה, וְהוֹשִׁיעֵנוּ בוֹ לְחַיִּים. וּבִדְבַר יְשׁוּעָה וְרַחֲמִים, חוּס וְחָנֵּנוּ וְרַחֵם עָלֵינוּ וְהוֹשִׁיעֵנוּ, כִּי אֵלֶיךָ עֵינֵינוּ, כִּי אֵל (מֶלֶךְ) חַנּוּן וְרַחוּם אָתָּה.[1]

❖ **וּבְנֵה** יְרוּשָׁלַיִם עִיר הַקֹּדֶשׁ בִּמְהֵרָה בְיָמֵינוּ. בָּרוּךְ אַתָּה יהוה, בּוֹנֵה (בְרַחֲמָיו) יְרוּשָׁלָיִם. אָמֵן.

(Others – אָמֵן.)

[When required, the compensatory blessing (p. 199) is recited here.]

FOURTH BLESSING: GOD'S GOODNESS

בָּרוּךְ *Blessed are You, Hashem, our God, King of the universe, the Almighty, our Father, our King, our Sovereign, our Creator, our Redeemer, our Maker, our Holy One, Holy One of Jacob, our Shepherd, the Shepherd of Israel, the King Who is good and Who does good for all. For every single day He did good, He does good, and He will do good to us. He was bountiful with us, He is bountiful with us, and He will forever be bountiful with us — with grace and with kindness and with mercy, with relief, salvation, success, blessing, help, consolation, sustenance, support,* Leader– *mercy, life, peace, and all good; and of all good things may He never deprive us.* (Others– *Amen.*)

הָרַחֲמָן *The compassionate One! May He reign over us forever. The compassionate One! May He be blessed in heaven and on earth. The compassionate One! May He be praised throughout all generations, may He be glorified through us forever to the ultimate ends, and be honored through us forever and for all eternity. The compassionate One! May He sustain us in honor. The compassionate One! May He break the yoke of oppression from our necks and guide us erect to our Land. The compassionate One! May He send us abundant blessing to this house and upon this table at which we have eaten. The compassionate One! May He send us Elijah, the Prophet — he is remembered for good — to proclaim to us good tidings, salvations, and consolations.*

The following is a blessing that a guest inserts here for the host.

יְהִי *May it be God's will that this host not be shamed nor humiliated in this world or in the World to Come. May he be successful in all his dealings. May his dealings be successful and conveniently close at hand. May no evil impediment reign over his handiwork, and may no semblance of sin or iniquitous thought attach itself to him from this time and forever.*

At one's own table (include the applicable words in parentheses):

The compassionate One! May He bless me (my wife/husband and my children) and all that is mine.

Guests recite the following (children at their parents' table include the applicable words in parentheses):

The compassionate One! May He bless (my father, my teacher) the master of this house, and (my mother, my teacher) the lady of this house, them, their house, their family, and all that is theirs.

Ours and all that is ours — just as our forefathers Abraham, Isaac, and Jacob were blessed in everything, from everything, with everything. So may He bless us all together with a perfect blessing. And let us say: Amen!

הברכה הרביעית – הטוב והמטיב

בָּרוּךְ אַתָּה יהוה אֱלֹהֵינוּ מֶלֶךְ הָעוֹלָם, הָאֵל אָבִינוּ מַלְכֵּנוּ אַדִּירֵנוּ בּוֹרְאֵנוּ גּוֹאֲלֵנוּ יוֹצְרֵנוּ קְדוֹשֵׁנוּ קְדוֹשׁ יַעֲקֹב, רוֹעֵנוּ רוֹעֵה יִשְׂרָאֵל, הַמֶּלֶךְ הַטּוֹב וְהַמֵּטִיב לַכֹּל, שֶׁבְּכָל יוֹם וָיוֹם הוּא הֵטִיב, הוּא מֵטִיב, הוּא יֵיטִיב לָנוּ. הוּא גְמָלָנוּ הוּא גוֹמְלֵנוּ הוּא יִגְמְלֵנוּ לָעַד, לְחֵן וּלְחֶסֶד וּלְרַחֲמִים וּלְרֶוַח הַצָּלָה וְהַצְלָחָה, בְּרָכָה וִישׁוּעָה נֶחָמָה פַּרְנָסָה וְכַלְכָּלָה ❖ וְרַחֲמִים וְחַיִּים וְשָׁלוֹם וְכָל טוֹב, וּמִכָּל טוּב לְעוֹלָם אַל יְחַסְּרֵנוּ. (Others – אָמֵן.)

הָרַחֲמָן הוּא יִמְלוֹךְ עָלֵינוּ לְעוֹלָם וָעֶד. הָרַחֲמָן הוּא יִתְבָּרַךְ בַּשָּׁמַיִם וּבָאָרֶץ. הָרַחֲמָן הוּא יִשְׁתַּבַּח לְדוֹר דּוֹרִים, וְיִתְפָּאַר בָּנוּ לָעַד וּלְנֵצַח נְצָחִים, וְיִתְהַדַּר בָּנוּ לָעַד וּלְעוֹלְמֵי עוֹלָמִים. הָרַחֲמָן הוּא יְפַרְנְסֵנוּ בְּכָבוֹד. הָרַחֲמָן הוּא יִשְׁבּוֹר עֻלֵּנוּ מֵעַל צַוָּארֵנוּ, וְהוּא יוֹלִיכֵנוּ קוֹמְמִיּוּת לְאַרְצֵנוּ. הָרַחֲמָן הוּא יִשְׁלַח לָנוּ בְּרָכָה מְרֻבָּה בַּבַּיִת הַזֶּה, וְעַל שֻׁלְחָן זֶה שֶׁאָכַלְנוּ עָלָיו. הָרַחֲמָן הוּא יִשְׁלַח לָנוּ אֶת אֵלִיָּהוּ הַנָּבִיא זָכוּר לַטּוֹב, וִיבַשֶּׂר לָנוּ בְּשׂוֹרוֹת טוֹבוֹת יְשׁוּעוֹת וְנֶחָמוֹת.

The following is a blessing that a guest inserts here for the host.

יְהִי רָצוֹן שֶׁלֹּא יֵבוֹשׁ וְלֹא יִכָּלֵם בַּעַל הַבַּיִת הַזֶּה, לֹא בָעוֹלָם הַזֶּה וְלֹא בָעוֹלָם הַבָּא, וְיַצְלִיחַ בְּכָל נְכָסָיו, וְיִהְיוּ נְכָסָיו מֻצְלָחִים וּקְרוֹבִים לָעִיר, וְאַל יִשְׁלוֹט שָׂטָן בְּמַעֲשֵׂה יָדָיו, וְאַל יִזְדַּקֵּק לְפָנָיו שׁוּם דְּבַר חֵטְא וְהִרְהוּר עָוֹן, מֵעַתָּה וְעַד עוֹלָם.

At one's own table (include the applicable words in parentheses):

הָרַחֲמָן הוּא יְבָרֵךְ אוֹתִי (וְאֶת אִשְׁתִּי / וְאֶת בַּעְלִי. וְאֶת זַרְעִי) וְאֶת כָּל אֲשֶׁר לִי.

Guests recite the following (children at their parents' table include the applicable words in parentheses):

הָרַחֲמָן הוּא יְבָרֵךְ אֶת (אָבִי מוֹרִי) בַּעַל הַבַּיִת הַזֶּה, וְאֶת (אִמִּי מוֹרָתִי) בַּעֲלַת הַבַּיִת הַזֶּה, אוֹתָם וְאֶת בֵּיתָם וְאֶת זַרְעָם וְאֶת כָּל אֲשֶׁר לָהֶם.

אוֹתָנוּ וְאֶת כָּל אֲשֶׁר לָנוּ, כְּמוֹ שֶׁנִּתְבָּרְכוּ אֲבוֹתֵינוּ אַבְרָהָם יִצְחָק וְיַעֲקֹב בַּכֹּל מִכֹּל כֹּל, כֵּן יְבָרֵךְ אוֹתָנוּ כֻּלָּנוּ יַחַד בִּבְרָכָה שְׁלֵמָה, וְנֹאמַר, אָמֵן.

בַּמָּרוֹם *On high, may merit be pleaded upon them and upon us, for a safeguard of peace. May we receive a blessing from* HASHEM *and just kindness from the God of our salvation, and find favor and good understanding in the eyes of God and man.*[1]

If any of the following verses were omitted, *Bircas HaMazon* need not be repeated.

On the Sabbath add:

The compassionate One! May He cause us to inherit the day which will be completely a Sabbath and rest day for eternal life.

On Rosh Chodesh add:

The compassionate One! May He inaugurate this month upon us for goodness and for blessing.

On Festivals add:

The compassionate One! May He cause us to inherit the day which is completely good.

On Rosh Hashanah add:

The compassionate One! May He inaugurate this year upon us for goodness and for blessing.

On Succos add:

The compassionate One! May He erect for us David's fallen booth.[2]

On Chanukah and Purim, if *Al HaNissim* was not recited in its proper place, add:

The compassionate One! May He perform for us miracles and wonders as He performed for our forefathers in those days, at this time.

Continue *"In the days of . . ."* (p. 191).

הָרַחֲמָן *The compassionate One! May He make us worthy of the days of Messiah and the life of the World to Come.* on weekdays: *He Who makes great the salvations of His king* on days *Mussaf* is recited: *He Who is a tower of salvations to His king and does kindness for His anointed, to David and to his descendants forever.*[3] *He Who makes peace in His heights, may He make peace upon us and upon all Israel. Now respond: Amen!*

יְראוּ *Fear* HASHEM, *you — His holy ones — for there is no deprivation for His reverent ones. Young lions may want and hunger, but those who seek* HASHEM *will not lack any good.*[4] *Give thanks to* HASHEM *for He is good; His kindness endures forever.*[5] *You open Your hand and satisfy the desire of every living thing.*[6] *Blessed is the man who trusts in* HASHEM, *then* HASHEM *will be his security.*[7] *I was a youth and also have aged, and I have not seen a righteous man forsaken, with his children begging for bread.*[8] HASHEM *will give might to His people;* HASHEM *will bless His people with peace.*[9]

בַּמָּרוֹם יְלַמְּדוּ עֲלֵיהֶם וְעָלֵינוּ זְכוּת, שֶׁתְּהֵא לְמִשְׁמֶרֶת שָׁלוֹם. וְנִשָּׂא בְרָכָה מֵאֵת יהוה, וּצְדָקָה מֵאֱלֹהֵי יִשְׁעֵנוּ, וְנִמְצָא חֵן וְשֵׂכֶל טוֹב בְּעֵינֵי אֱלֹהִים וְאָדָם.[1]

If any of the following verses were omitted, *Bircas HaMazon* need not be repeated.

On the Sabbath add:

הָרַחֲמָן הוּא יַנְחִילֵנוּ יוֹם שֶׁכֻּלּוֹ שַׁבָּת וּמְנוּחָה לְחַיֵּי הָעוֹלָמִים.

On Rosh Chodesh add:

הָרַחֲמָן הוּא יְחַדֵּשׁ עָלֵינוּ אֶת הַחֹדֶשׁ הַזֶּה לְטוֹבָה וְלִבְרָכָה.

On Festivals add:

הָרַחֲמָן הוּא יַנְחִילֵנוּ יוֹם שֶׁכֻּלּוֹ טוֹב.

On Rosh Hashanah add:

הָרַחֲמָן הוּא יְחַדֵּשׁ עָלֵינוּ אֶת הַשָּׁנָה הַזֹּאת לְטוֹבָה וְלִבְרָכָה.

On Succos add:

הָרַחֲמָן הוּא יָקִים לָנוּ אֶת סֻכַּת דָּוִיד הַנֹּפֶלֶת.[2]

On Chanukah and Purim, if *Al HaNissim* was not recited in its proper place, add:

הָרַחֲמָן הוּא יַעֲשֶׂה לָנוּ נִסִּים וְנִפְלָאוֹת כַּאֲשֶׁר עָשָׂה לַאֲבוֹתֵינוּ בַּיָּמִים הָהֵם בַּזְּמַן הַזֶּה. Continue בִּימֵי (p. 191).

הָרַחֲמָן הוּא יְזַכֵּנוּ לִימוֹת הַמָּשִׁיחַ וּלְחַיֵּי הָעוֹלָם הַבָּא. [מַגְדִּיל – on weekdays / מִגְדּוֹל – on days *Mussaf* is recited] יְשׁוּעוֹת מַלְכּוֹ וְעֹשֶׂה חֶסֶד לִמְשִׁיחוֹ לְדָוִד וּלְזַרְעוֹ עַד עוֹלָם.[3] עֹשֶׂה שָׁלוֹם בִּמְרוֹמָיו, הוּא יַעֲשֶׂה שָׁלוֹם עָלֵינוּ וְעַל כָּל יִשְׂרָאֵל. וְאִמְרוּ, אָמֵן.

יְראוּ אֶת יהוה קְדֹשָׁיו, כִּי אֵין מַחְסוֹר לִירֵאָיו. כְּפִירִים רָשׁוּ וְרָעֵבוּ, וְדֹרְשֵׁי יהוה לֹא יַחְסְרוּ כָל טוֹב.[4] הוֹדוּ לַיהוה כִּי טוֹב, כִּי לְעוֹלָם חַסְדּוֹ.[5] פּוֹתֵחַ אֶת יָדֶךָ, וּמַשְׂבִּיעַ לְכָל חַי רָצוֹן.[6] בָּרוּךְ הַגֶּבֶר אֲשֶׁר יִבְטַח בַּיהוה, וְהָיָה יהוה מִבְטַחוֹ.[7] נַעַר הָיִיתִי גַּם זָקַנְתִּי, וְלֹא רָאִיתִי צַדִּיק נֶעֱזָב, וְזַרְעוֹ מְבַקֶּשׁ לָחֶם.[8] יהוה עֹז לְעַמּוֹ יִתֵּן, יהוה יְבָרֵךְ אֶת עַמּוֹ בַשָּׁלוֹם.[9]

(1) Cf. *Proverbs* 3:4. (2) Cf. *Amos* 9:11. (3) *Psalms* 18:51; *II Samuel* 22:51. (4) *Psalms* 34:10-11. (5) 136:1 et al. (6) 145:16. (7) *Jeremiah* 17:7. (8) *Psalms* 37:25. (9) 29:11.

COMPENSATORY BLESSINGS

See below for instances when Compensatory Blessings must be recited. In all cases, the conclusion of the blessing is recited only at the first two meals of the Sabbath and/or Festivals (except Chol HaMoed). After the appropriate blessing, continue with the fourth blessing (p. 195).

If one forgot רְצֵה on the Sabbath:

בָּרוּךְ *Blessed are You, HASHEM, our God, King of the universe, Who gave Sabbaths for contentment to His people Israel with love, for a sign and a covenant. Blessed are You, HASHEM, Who sanctifies the Sabbath.*

If one forgot יַעֲלֶה וְיָבֹא on Rosh Chodesh.

בָּרוּךְ *Blessed are You, HASHEM, our God, King of the universe, Who gave New Moons to His people Israel as a remembrance.*

If one forgot רְצֵה and יַעֲלֶה וְיָבֹא on Rosh Chodesh that falls on the Sabbath:

בָּרוּךְ *Blessed are You, HASHEM, our God, King of the universe, Who gave Sabbaths for contentment to His people Israel with love, for a sign and a covenant, and New Moons for a remembrance. Blessed are You, HASHEM, Who sanctifies the Sabbath, Israel, and New Moons.*

If one forgot יַעֲלֶה וְיָבֹא on a Festival:

בָּרוּךְ *Blessed are You, HASHEM, our God, King of the universe, Who gave festivals to His people Israel for happiness and gladness, this festival day of*

Matzos / Shavuos / Succos / Shemini Atzeres

Blessed are You, HASHEM, Who sanctifies Israel and the seasons.

If one forgot רְצֵה and יַעֲלֶה וְיָבֹא on a Festival that falls on the Sabbath:

בָּרוּךְ *Blessed are You, HASHEM, our God, King of the universe, Who gave Sabbaths for contentment to His people Israel with love, for a sign and a covenant, and festivals for happiness and gladness, this festival day of*

Matzos / Shavuos / Succos / Shemini Atzeres

Blessed are You, HASHEM, Who sanctifies the Sabbath, Israel, and the seasons.

If one forgot יַעֲלֶה וְיָבֹא on Chol HaMoed:

בָּרוּךְ *Blessed are You, HASHEM, our God, King of the universe, Who gave appointed festivals to His people Israel for happiness and gladness, this festival day of [Matzos /Succos].*

If one forgot רְצֵה and יַעֲלֶה וְיָבֹא on the Sabbath of Chol HaMoed:

בָּרוּךְ *Blessed are You, HASHEM, our God, King of the universe, Who gave Sabbaths for contentment to His people Israel with love, for a sign and a covenant, and appointed festivals for happiness and gladness, this festival day of [Matzos / Succos]. Blessed are You, HASHEM, Who sanctifies the Sabbath, Israel, and the (festive) seasons.*

ברכות למי ששכח

See below for instances when Compensatory Blessings must be recited. In all cases, the conclusion of the blessing is recited only at the first two meals of the Sabbath and/or Festivals (except Chol HaMoed). After the appropriate blessing, continue with the fourth blessing (p. 195).

If one forgot רְצֵה on the Sabbath:

בָּרוּךְ אַתָּה יהוה אֱלֹהֵינוּ מֶלֶךְ הָעוֹלָם, אֲשֶׁר נָתַן שַׁבָּתוֹת לִמְנוּחָה לְעַמּוֹ יִשְׂרָאֵל בְּאַהֲבָה, לְאוֹת וְלִבְרִית. בָּרוּךְ אַתָּה יהוה, מְקַדֵּשׁ הַשַּׁבָּת.

If one forgot יַעֲלֶה וְיָבֹא on Rosh Chodesh:

בָּרוּךְ אַתָּה יהוה אֱלֹהֵינוּ מֶלֶךְ הָעוֹלָם, אֲשֶׁר נָתַן רָאשֵׁי חֳדָשִׁים לְעַמּוֹ יִשְׂרָאֵל לְזִכָּרוֹן.

If one forgot רְצֵה and יַעֲלֶה וְיָבֹא on Rosh Chodesh that falls on the Sabbath:

בָּרוּךְ אַתָּה יהוה אֱלֹהֵינוּ מֶלֶךְ הָעוֹלָם, אֲשֶׁר נָתַן שַׁבָּתוֹת לִמְנוּחָה לְעַמּוֹ יִשְׂרָאֵל בְּאַהֲבָה, לְאוֹת וְלִבְרִית, וְרָאשֵׁי חֳדָשִׁים לְזִכָּרוֹן. בָּרוּךְ אַתָּה יהוה, מְקַדֵּשׁ הַשַּׁבָּת וְיִשְׂרָאֵל וְרָאשֵׁי חֳדָשִׁים.

If one forgot יַעֲלֶה וְיָבֹא on a Festival:

בָּרוּךְ אַתָּה יהוה אֱלֹהֵינוּ מֶלֶךְ הָעוֹלָם, אֲשֶׁר נָתַן יָמִים טוֹבִים לְעַמּוֹ יִשְׂרָאֵל לְשָׂשׂוֹן וּלְשִׂמְחָה, אֶת יוֹם

Shemini Atzeres / Simchas Torah — Succos — Shavuos — Pesach

חַג הַמַּצּוֹת / חַג הַשָּׁבֻעוֹת / חַג הַסֻּכּוֹת / הַשְּׁמִינִי חַג הָעֲצֶרֶת הַזֶּה. בָּרוּךְ אַתָּה יהוה, מְקַדֵּשׁ יִשְׂרָאֵל וְהַזְּמַנִּים.

If one forgot רְצֵה and יַעֲלֶה וְיָבֹא on a Festival that falls on the Sabbath:

בָּרוּךְ אַתָּה יהוה אֱלֹהֵינוּ מֶלֶךְ הָעוֹלָם, אֲשֶׁר נָתַן שַׁבָּתוֹת לִמְנוּחָה לְעַמּוֹ יִשְׂרָאֵל בְּאַהֲבָה, לְאוֹת וְלִבְרִית, וְיָמִים טוֹבִים לְשָׂשׂוֹן וּלְשִׂמְחָה, אֶת יוֹם

Shemini Atzeres / Simchas Torah — Succos — Shavuos — Pesach

חַג הַמַּצּוֹת / חַג הַשָּׁבֻעוֹת / חַג הַסֻּכּוֹת / הַשְּׁמִינִי חַג הָעֲצֶרֶת הַזֶּה. בָּרוּךְ אַתָּה יהוה, מְקַדֵּשׁ הַשַּׁבָּת וְיִשְׂרָאֵל וְהַזְּמַנִּים.

If one forgot יַעֲלֶה וְיָבֹא on Chol HaMoed:

בָּרוּךְ אַתָּה יהוה אֱלֹהֵינוּ מֶלֶךְ הָעוֹלָם, אֲשֶׁר נָתַן מוֹעֲדִים לְעַמּוֹ יִשְׂרָאֵל לְשָׂשׂוֹן וּלְשִׂמְחָה, אֶת יוֹם [on Pesach – חַג הַמַּצּוֹת / on Succos – חַג הַסֻּכּוֹת] הַזֶּה.

If one forgot רְצֵה and יַעֲלֶה וְיָבֹא on the Sabbath of Chol HaMoed:

בָּרוּךְ אַתָּה יהוה אֱלֹהֵינוּ מֶלֶךְ הָעוֹלָם, אֲשֶׁר נָתַן שַׁבָּתוֹת לִמְנוּחָה לְעַמּוֹ יִשְׂרָאֵל בְּאַהֲבָה לְאוֹת וְלִבְרִית, וּמוֹעֲדִים לְשָׂשׂוֹן וּלְשִׂמְחָה, אֶת יוֹם [on Pesach – חַג הַמַּצּוֹת / on Succos – חַג הַסֻּכּוֹת] הַזֶּה. בָּרוּךְ אַתָּה יהוה, מְקַדֵּשׁ הַשַּׁבָּת וְיִשְׂרָאֵל וְהַזְּמַנִּים.

BLESSINGS AFTER OTHER FOODS

THE THREE-FACETED BLESSING

The following blessing is recited after partaking of: (a) grain products (other than bread or matzah) made from wheat, barley, rye, oats, or spelt; (b) grape wine or grape juice; (c) grapes, figs, pomegranates, olives, or dates. (If foods from two or three of these groups were eaten, then the insertions for each group are connected with the conjunctive ו, thus וְעַל. The order in such a case is grain, wine, fruit.)

בָּרוּךְ *Blessed are You, HASHEM, our God, King of the universe, for the*

After grain products:	After wine:	After fruits:
nourishment and the sustenance,	*vine and the fruit of the vine,*	*tree and the fruit of the tree,*

and for the produce of the field; for the desirable, good, and spacious Land that You were pleased to give our forefathers as a heritage, to eat of its fruit and to be satisfied with its goodness. Have mercy, we beg You, HASHEM, our God, on Israel Your people; on Jerusalem Your city; on Zion, the resting place of Your glory; on Your Altar, and on Your Temple. Rebuild Jerusalem, the city of holiness, speedily in our days. Bring us up into it and gladden us in its rebuilding, and let us eat from its fruit and be satisfied with its goodness and bless You upon it in holiness and purity.

On the Sabbath: *And be pleased to let us rest on this Sabbath day.*
On Rosh Chodesh: *And remember us for goodness on this day of Rosh Chodesh.*
On Pesach: *And gladden us on this day of the festival of Matzos.*
On Shavuos: *And gladden us on this day of the festival of Shavuos.*
On Rosh Hashanah: *And remember us for goodness on this day of Remembrance.*
On Succos: *And gladden us on this day of the festival of Succos.*
On Shemini Atzeres and Simchas Torah: *And gladden us on this day of the festival of Shemini Atzeres.*

For You, HASHEM, are good and do good to all and we thank You for the land and for the

After grain products:	After wine:	After fruits:
nourishment (and the sustenance).	*fruit of the vine.* °	*fruit.* °°

Blessed are You, HASHEM, for the land and for the

nourishment (and the sustenance).	*fruit of the vine.* °	*fruit.* °°

°If the wine is from *Eretz Yisrael,* substitute *"its wine."*
°°If the fruit grew in *Eretz Yisrael,* substitute *"its fruit."*

ברכות אחרונות

מעין שלש

The following blessing is recited after partaking of: (a) grain products (other than bread or matzah) made from wheat, barley, rye, oats, or spelt; (b) grape wine or grape juice; (c) grapes, figs, pomegranates, olives, or dates. (If foods from two or three of these groups were eaten, then the insertions for each group are connected with the conjunctive ו, thus וְעַל. The order in such a case is grain, wine, fruit.)

בָּרוּךְ אַתָּה יהוה אֱלֹהֵינוּ מֶלֶךְ הָעוֹלָם, עַל

After grain products:	After wine:	After fruits:
הַמִּחְיָה וְעַל הַכַּלְכָּלָה,	הַגֶּפֶן וְעַל פְּרִי הַגֶּפֶן,	הָעֵץ וְעַל פְּרִי הָעֵץ,

וְעַל תְּנוּבַת הַשָּׂדֶה, וְעַל אֶרֶץ חֶמְדָּה טוֹבָה וּרְחָבָה, שֶׁרָצִיתָ וְהִנְחַלְתָּ לַאֲבוֹתֵינוּ, לֶאֱכוֹל מִפִּרְיָהּ וְלִשְׂבּוֹעַ מִטּוּבָהּ. רַחֵם נָא יהוה אֱלֹהֵינוּ עַל יִשְׂרָאֵל עַמֶּךָ, וְעַל יְרוּשָׁלַיִם עִירֶךָ, וְעַל צִיּוֹן מִשְׁכַּן כְּבוֹדֶךָ, וְעַל מִזְבְּחֶךָ וְעַל הֵיכָלֶךָ. וּבְנֵה יְרוּשָׁלַיִם עִיר הַקֹּדֶשׁ בִּמְהֵרָה בְיָמֵינוּ, וְהַעֲלֵנוּ לְתוֹכָהּ, וְשַׂמְּחֵנוּ בְּבִנְיָנָהּ, וְנֹאכַל מִפִּרְיָהּ, וְנִשְׂבַּע מִטּוּבָהּ, וּנְבָרֶכְךָ עָלֶיהָ בִּקְדֻשָּׁה וּבְטָהֳרָה.

וּרְצֵה וְהַחֲלִיצֵנוּ בְּיוֹם הַשַּׁבָּת הַזֶּה. – On the Sabbath

וְזָכְרֵנוּ לְטוֹבָה בְּיוֹם רֹאשׁ הַחֹדֶשׁ הַזֶּה. – On Rosh Chodesh

וְשַׂמְּחֵנוּ בְּיוֹם חַג הַמַּצּוֹת הַזֶּה. – On Pesach

וְשַׂמְּחֵנוּ בְּיוֹם חַג הַשָּׁבֻעוֹת הַזֶּה. – On Shavuos

וְזָכְרֵנוּ לְטוֹבָה בְּיוֹם הַזִּכָּרוֹן הַזֶּה. – On Rosh Hashanah

וְשַׂמְּחֵנוּ בְּיוֹם חַג הַסֻּכּוֹת הַזֶּה. – On Succos

וְשַׂמְּחֵנוּ בְּיוֹם הַשְּׁמִינִי חַג הָעֲצֶרֶת הַזֶּה. – On Shemini Atzeres / Simchas Torah

כִּי אַתָּה יהוה טוֹב וּמֵטִיב לַכֹּל, וְנוֹדֶה לְּךָ עַל הָאָרֶץ וְעַל

After grain products:	After wine:	After fruits:
הַמִּחְיָה (וְעַל הַכַּלְכָּלָה).	פְּרִי הַגָּפֶן.°	הַפֵּרוֹת.°°

בָּרוּךְ אַתָּה יהוה, עַל הָאָרֶץ וְעַל

הַמִּחְיָה (וְעַל הַכַּלְכָּלָה).	פְּרִי הַגָּפֶן.°	הַפֵּרוֹת.°°

°If the wine is from *Eretz Yisrael,* substitute גַּפְנָהּ for הַגָּפֶן.

°°If the fruit grew in *Eretz Yisrael,* substitute פֵּירוֹתֶיהָ for הַפֵּרוֹת.

BOREI NEFASHOS

After eating or drinking any food to which neither the Grace After Meals nor the Three-Faceted Blessing applies, such as fruits other than the above, vegetables, or beverages other than wine, recite:

בָּרוּךְ *Blessed are You, HASHEM, our God, King of the universe, Who creates numerous living things with their deficiencies; for all that You have created with which to maintain the life of every being. Blessed is He, the life of the worlds.*

SHEVA BERACHOS

When *Sheva Berachos* are recited, the leader recites the following *zimun,* with a cup of wine in hand.

Leader – *Gentlemen, let us bless.*

Others – *Blessed be the Name of HASHEM from this time and forever!*

Leader – *Blessed be the Name of HASHEM from this time and forever!*

In many congregations the following is not recited on the Sabbath:

Leader – *Banish pain and also wrath, and then the mute will exult in song. Guide us in the paths of righteousness, heed the blessing of the children of Aaron.*

Leader – *With the permission of the distinguished people present, let us bless our God, in Whose abode is this celebration, of Whose we have eaten.*

Others – *Blessed is our God, in Whose abode is this celebration, of Whose we have eaten and through Whose goodness we live.*

Leader – *Blessed is our God, in Whose abode is this celebration, of Whose we have eaten and through Whose goodness we live.*

All – *Blessed is He and Blessed is His Name.*

After *Bircas HaMazon* a second cup is poured and the following seven blessings are recited. They may be recited by one person or divided among several people. Whoever recites a blessing should hold the cup as he does so.

1. **בָּרוּךְ** *Blessed are You, HASHEM, our God, King of the universe, Who has created everything for His glory.* (All – *Amen*).

2. **בָּרוּךְ** *Blessed are You, HASHEM, our God, King of the universe, Who fashioned the Man.* (All – *Amen*).

3. **בָּרוּךְ** *Blessed are You, HASHEM, our God, King of the universe, Who fashioned the Man in His image, in the image of his likeness, and prepared for him — from himself — a building for eternity. Blessed are You, HASHEM, Who fashioned the Man.* (All – *Amen*).

בורא נפשות

After eating or drinking any food to which neither *Bircas HaMazon* nor the Three-Faceted Blessing applies, such as fruits other than the above, vegetables, or beverages other than wine, recite:

בָּרוּךְ אַתָּה יהוה אֱלֹהֵינוּ מֶלֶךְ הָעוֹלָם, בּוֹרֵא נְפָשׁוֹת רַבּוֹת וְחֶסְרוֹנָן, עַל כָּל מַה שֶּׁבָּרָא(תָ) לְהַחֲיוֹת בָּהֶם נֶפֶשׁ כָּל חָי. בָּרוּךְ חֵי הָעוֹלָמִים.

שבע ברכות

When *Sheva Berachos* are recited, the leader recites the following *zimun*, with a cup of wine in hand.

Leader – רַבּוֹתַי מִיר וֶועלֶען בֶּענְטְשֶׁען [רַבּוֹתַי נְבָרֵךְ].

Others – יְהִי שֵׁם יהוה מְבֹרָךְ מֵעַתָּה וְעַד עוֹלָם.

Leader – יְהִי שֵׁם יהוה מְבֹרָךְ מֵעַתָּה וְעַד עוֹלָם.

In many congregations the following is not recited on the Sabbath:

Leader – דְּוַי הָסֵר וְגַם חָרוֹן, וְאָז אִלֵּם בְּשִׁיר יָרוֹן, נְחֵנוּ בְּמַעְגְּלֵי צֶדֶק, שְׁעֵה בִּרְכַּת בְּנֵי אַהֲרֹן.

Leader – בִּרְשׁוּת מָרָנָן וְרַבָּנָן וְרַבּוֹתַי, נְבָרֵךְ אֱלֹהֵינוּ שֶׁהַשִּׂמְחָה בִּמְעוֹנוֹ, (וְ)שֶׁאָכַלְנוּ מִשֶּׁלּוֹ.

Others – בָּרוּךְ אֱלֹהֵינוּ שֶׁהַשִּׂמְחָה בִּמְעוֹנוֹ, (וְ)שֶׁאָכַלְנוּ מִשֶּׁלּוֹ וּבְטוּבוֹ חָיִינוּ.

Leader – בָּרוּךְ אֱלֹהֵינוּ שֶׁהַשִּׂמְחָה בִּמְעוֹנוֹ, (וְ)שֶׁאָכַלְנוּ מִשֶּׁלּוֹ וּבְטוּבוֹ חָיִינוּ.

All – בָּרוּךְ הוּא וּבָרוּךְ שְׁמוֹ.

After *Bircas HaMazon* a second cup is poured and the following seven blessings are recited. They may be recited by one person or divided among several people. Whoever recites a blessing should hold the cup as he does so.

1. **בָּרוּךְ** אַתָּה יהוה אֱלֹהֵינוּ מֶלֶךְ הָעוֹלָם, שֶׁהַכֹּל בָּרָא לִכְבוֹדוֹ. (All – אָמֵן.)

2. **בָּרוּךְ** אַתָּה יהוה אֱלֹהֵינוּ מֶלֶךְ הָעוֹלָם, יוֹצֵר הָאָדָם. (All – אָמֵן.)

3. **בָּרוּךְ** אַתָּה יהוה אֱלֹהֵינוּ מֶלֶךְ הָעוֹלָם, אֲשֶׁר יָצַר אֶת הָאָדָם בְּצַלְמוֹ, בְּצֶלֶם דְּמוּת תַּבְנִיתוֹ, וְהִתְקִין לוֹ מִמֶּנּוּ בִּנְיַן עֲדֵי עַד. בָּרוּךְ אַתָּה יהוה, יוֹצֵר הָאָדָם. (All – אָמֵן.)

4. שׂוֹשׂ *Bring intense joy and exultation to the barren one through the ingathering of her children amidst her in gladness. Blessed are You,* HASHEM, *Who gladdens Zion through her children.* (All – *Amen*).

5. שַׂמֵּחַ *Gladden the beloved companions as You gladdened Your creature in the Garden of Eden from aforetime. Blessed are You,* HASHEM, *Who gladdens groom and bride.* (All – *Amen*).

6. בָּרוּךְ *Blessed are You,* HASHEM, *our God, King of the universe, Who created joy and gladness, groom and bride, mirth, glad song, pleasure, delight, love, brotherhood, peace, and companionship.* HASHEM, *our God, let there soon be heard in the cities of Judah and the streets of Jerusalem the sound of joy and the sound of gladness, the voice of the groom and the voice of the bride, the sound of the grooms' jubilance from their canopies and of youths from their song-filled feasts. Blessed are You,* HASHEM, *Who gladdens the groom with the bride.* (All – *Amen*).

The leader of *Bircas HaMazon* recites the seventh blessing:

7. בָּרוּךְ *Blessed are You,* HASHEM, *our God, King of the universe, Who creates the fruit of the vine.* (All – *Amen*).

The leader drinks some of the wine from his cup; then wine from the two cups is mixed together and one cup is given to the groom and the other to the bride. It is laudable for those present to drink a bit of wine from the כּוֹס שֶׁל בְּרָכָה, *Cup of Blessing,* since it was used in the performance of a *mitzvah*.

ZIMUN FOR THE CIRCUMCISION FEAST

If a *minyan* is present, this *zimun* is recited with a cup of wine in hand:

Leader – *Gentlemen, let us bless.*

Others – *Blessed be the Name of* HASHEM *from this time and forever!*

Leader – *Blessed be the Name of* HASHEM *from this time and forever! We give thanks to Your Name among my faithful; blessed are you to* HASHEM.

Others – *We give thanks to Your Name among my faithful; blessed are you to* HASHEM.

Leader – *With permission of the Almighty — fearful and awesome, the Refuge in times of trouble, the Almighty girded with strength, the Mighty on high —* HASHEM.

Others – *We give thanks to Your Name among my faithful; blessed are you to* HASHEM.

Leader – *With the permission of the holy Torah, it is pure and explicit, commanded to us as a heritage, by Moses, servant of* HASHEM.

Others – *We give thanks to Your Name among my faithful; blessed are you to* HASHEM.

Leader – *With the permission of the Kohanim (from the tribe of) Levi, I call upon the God of the Hebrews, I will thank Him unto all islands, I will give blessing to* HASHEM.

4. **שׂוֹשׂ** תָּשִׂישׂ וְתָגֵל הָעֲקָרָה, בְּקִבּוּץ בָּנֶיהָ לְתוֹכָהּ בְּשִׂמְחָה. בָּרוּךְ אַתָּה יהוה, מְשַׂמֵּחַ צִיּוֹן בְּבָנֶיהָ. (All – אָמֵן.)

5. **שַׂמֵּחַ** תְּשַׂמַּח רֵעִים הָאֲהוּבִים, כְּשַׂמֵּחֲךָ יְצִירְךָ בְּגַן עֵדֶן מִקֶּדֶם. בָּרוּךְ אַתָּה יהוה, מְשַׂמֵּחַ חָתָן וְכַלָּה. (All – אָמֵן.)

6. **בָּרוּךְ** אַתָּה יהוה אֱלֹהֵינוּ מֶלֶךְ הָעוֹלָם, אֲשֶׁר בָּרָא שָׂשׂוֹן וְשִׂמְחָה, חָתָן וְכַלָּה, גִּילָה רִנָּה, דִּיצָה וְחֶדְוָה, אַהֲבָה וְאַחֲוָה, וְשָׁלוֹם וְרֵעוּת. מְהֵרָה יהוה אֱלֹהֵינוּ יִשָּׁמַע בְּעָרֵי יְהוּדָה וּבְחֻצוֹת יְרוּשָׁלָיִם, קוֹל שָׂשׂוֹן וְקוֹל שִׂמְחָה, קוֹל חָתָן וְקוֹל כַּלָּה, קוֹל מִצְהֲלוֹת חֲתָנִים מֵחֻפָּתָם, וּנְעָרִים מִמִּשְׁתֵּה נְגִינָתָם. בָּרוּךְ אַתָּה יהוה, מְשַׂמֵּחַ חָתָן עִם הַכַּלָּה. (All – אָמֵן.)

The leader of *Bircas HaMazon* recites the seventh blessing:

7. **בָּרוּךְ** אַתָּה יהוה אֱלֹהֵינוּ מֶלֶךְ הָעוֹלָם, בּוֹרֵא פְּרִי הַגָּפֶן. (All – אָמֵן.)

The leader drinks some of the wine from his cup; then wine from the two cups is mixed together and one cup is given to the groom and the other to the bride. It is laudable for those present to drink a bit of wine from the כּוֹס שֶׁל בְּרָכָה, *Cup of Blessing,* since it was used in the performance of a *mitzvah.*

זימון לסעודת הברית

If a *minyan* is present, this *zimun* is recited with a cup of wine in hand:

Leader – רַבּוֹתַי מִיר וֶועלֶען בֶּענְטְשֶׁען [רַבּוֹתַי נְבָרֵךְ].

Others – יְהִי שֵׁם יהוה מְבֹרָךְ מֵעַתָּה וְעַד עוֹלָם.

Leader – יְהִי שֵׁם יהוה מְבֹרָךְ מֵעַתָּה וְעַד עוֹלָם.
נוֹדֶה לְשִׁמְךָ בְּתוֹךְ אֱמוּנַי, בְּרוּכִים אַתֶּם לַיהוה.

Others – נוֹדֶה לְשִׁמְךָ בְּתוֹךְ אֱמוּנַי, בְּרוּכִים אַתֶּם לַיהוה.

Leader – בִּרְשׁוּת אֵל אָיוֹם וְנוֹרָא, מִשְׂגָּב לְעִתּוֹת בַּצָּרָה, אֵל נֶאְזָר בִּגְבוּרָה, אַדִּיר בַּמָּרוֹם יהוה.

Others – נוֹדֶה לְשִׁמְךָ בְּתוֹךְ אֱמוּנַי, בְּרוּכִים אַתֶּם לַיהוה.

Leader – בִּרְשׁוּת הַתּוֹרָה הַקְּדוֹשָׁה, טְהוֹרָה הִיא וְגַם פְּרוּשָׁה, צִוָּה לָנוּ מוֹרָשָׁה, מֹשֶׁה עֶבֶד יהוה.

Others – נוֹדֶה לְשִׁמְךָ בְּתוֹךְ אֱמוּנַי, בְּרוּכִים אַתֶּם לַיהוה.

Leader – בִּרְשׁוּת הַכֹּהֲנִים הַלְוִיִּם, אֶקְרָא לֵאלֹהֵי הָעִבְרִיִּים, אֲהוֹדֶנּוּ בְּכָל אִיִּים, אֲבָרְכָה אֶת יהוה.

Others – *We give thanks to Your Name among my faithful; blessed are you to HASHEM.*

Leader – *With permission of the distinguished people present, I open in song my mouth and lips, and my bones shall proclaim, "Blessed is he who comes in the Name of HASHEM."*

Others – *We give thanks to Your Name among my faithful; blessed are you to HASHEM.*

Leader – *With permission of the distinguished people present let us bless our God of Whose we have eaten.*

Others – *Blessed be our God of Whose we have eaten and through Whose goodness we live.*

Leader – *Blessed be our God of Whose we have eaten and through Whose goodness we live.*

All – *Blessed is He and blessed is His Name.*

Continue with Grace after Meals (p. 189) until *". . . in the eyes of God and of man"* (p. 197). Then a designated person (or persons) recites the following prayers aloud.

Someone other than the father should recite the following stanza.

הָרַחֲמָן *The compassionate One! May He bless the father and mother of the child; and may they merit to raise him, to educate him, and to make him wise, from the eighth day onward may his blood be pleasing, and may HASHEM, his God, be with him.* (All – *Amen.*)

Someone other than the *sandak* should recite the following stanza.

הָרַחֲמָן *The compassionate One! May He bless the master of the circumcision covenant, who rejoiced to do justice with glee, and may his deed be rewarded, his recompense be doubled, and may He place him ever higher.* (All – *Amen.*)

הָרַחֲמָן *The compassionate One! May He bless the tender circumcised eight-day-old and may his strength and heart be a trust to God, and may he merit to perceive the Divine Presence, three times a year.* (All – *Amen.*)

Someone other than the *mohel* should recite the following stanza.

הָרַחֲמָן *The compassionate One! May He bless the one who circumcised the uncut flesh, and revealed and drew the bloods of the circumcision; the service of the coward and the faint-hearted is unfit — (and) if he does not perform upon it these three acts.* (All – *Amen.*)

הָרַחֲמָן *The compassionate One! May He send us His anointed who goes with wholesomeness, in the merit of the groom bloodied for the sake of circumcision, to proclaim good tidings and consolations, to the one nation dispersed and splintered among the nations.* (All – *Amen.*)

הָרַחֲמָן *The compassionate One! May He send us the righteous Kohen who was taken into hiding, until His throne is established bright as sun and diamond, he who covered his face with his cloak and enwrapped himself, My covenant was with him for life and peace.* (All – *Amen.*)

Others – נוֹדֶה לְשִׁמְךָ בְּתוֹךְ אֱמוּנַי, בְּרוּכִים אַתֶּם לַיהוה.

Leader – בִּרְשׁוּת מָרָנָן וְרַבָּנָן וְרַבּוֹתַי, אֶפְתְּחָה בְּשִׁיר פִּי וּשְׂפָתַי, וְתֹאמַרְנָה עַצְמוֹתַי, בָּרוּךְ הַבָּא בְּשֵׁם יהוה.

Others – נוֹדֶה לְשִׁמְךָ בְּתוֹךְ אֱמוּנַי, בְּרוּכִים אַתֶּם לַיהוה.

Leader – בִּרְשׁוּת מָרָנָן וְרַבָּנָן וְרַבּוֹתַי, נְבָרֵךְ [אֱלֹהֵינוּ] שֶׁאָכַלְנוּ מִשֶּׁלּוֹ.

Others – בָּרוּךְ [אֱלֹהֵינוּ] שֶׁאָכַלְנוּ מִשֶּׁלּוֹ, וּבְטוּבוֹ חָיִינוּ.

Leader – בָּרוּךְ [אֱלֹהֵינוּ] שֶׁאָכַלְנוּ מִשֶּׁלּוֹ, וּבְטוּבוֹ חָיִינוּ.

All – בָּרוּךְ הוּא וּבָרוּךְ שְׁמוֹ.

Continue with Grace after Meals (p. 189) until בְּעֵינֵי אֱלֹהִים וְאָדָם (p. 197). Then a designated person (or persons) recites the following prayers aloud.

Someone other than the father should recite the following stanza.

הָרַחֲמָן הוּא יְבָרֵךְ אֲבִי הַיֶּלֶד וְאִמּוֹ, וְיִזְכּוּ לְגַדְּלוֹ וּלְחַנְּכוֹ וּלְחַכְּמוֹ, מִיּוֹם הַשְּׁמִינִי וָהָלְאָה יֵרָצֶה דָמוֹ, וִיהִי יהוה אֱלֹהָיו עִמּוֹ. (All – אָמֵן.)

Someone other than the *sandak* should recite the following stanza.

הָרַחֲמָן הוּא יְבָרֵךְ בַּעַל בְּרִית הַמִּילָה, אֲשֶׁר שָׂשׂ לַעֲשׂוֹת צֶדֶק בְּגִילָה, וִישַׁלֵּם פָּעֳלוֹ וּמַשְׂכֻּרְתּוֹ כְּפוּלָה, וְיִתְּנֵהוּ לְמַעְלָה לְמָעְלָה. (All – אָמֵן.)

הָרַחֲמָן הוּא יְבָרֵךְ רַךְ הַנִּמּוֹל לִשְׁמוֹנָה, וְיִהְיוּ יָדָיו וְלִבּוֹ לְאֵל אֱמוּנָה, וְיִזְכֶּה לִרְאוֹת פְּנֵי הַשְּׁכִינָה, שָׁלֹשׁ פְּעָמִים בַּשָּׁנָה. (All – אָמֵן.)

Someone other than the *mohel* should recite the following stanza.

הָרַחֲמָן הוּא יְבָרֵךְ הַמָּל בְּשַׂר הָעָרְלָה, וּפָרַע וּמָצַץ דְּמֵי הַמִּילָה, אִישׁ הַיָּרֵא וְרַךְ הַלֵּבָב עֲבוֹדָתוֹ פְּסוּלָה, וְאִם שְׁלָשׁ אֵלֶּה לֹא יַעֲשֶׂה לָהּ. (All – אָמֵן.)

הָרַחֲמָן הוּא יִשְׁלַח לָנוּ מְשִׁיחוֹ הוֹלֵךְ תָּמִים, בִּזְכוּת חֲתַן לַמּוּלוֹת דָּמִים, לְבַשֵּׂר בְּשׂוֹרוֹת טוֹבוֹת וְנִחוּמִים, לְעַם אֶחָד מְפֻזָּר וּמְפֹרָד בֵּין הָעַמִּים. (All – אָמֵן.)

הָרַחֲמָן הוּא יִשְׁלַח לָנוּ כֹּהֵן צֶדֶק אֲשֶׁר לֻקַּח לְעֵילוֹם, עַד הוּכַן כִּסְאוֹ כַּשֶּׁמֶשׁ וְיָהֲלוֹם, וַיָּלֶט פָּנָיו בְּאַדַּרְתּוֹ וַיִּגְלוֹם, בְּרִיתִי הָיְתָה אִתּוֹ הַחַיִּים וְהַשָּׁלוֹם. (All – אָמֵן.)

WAYFARER'S PRAYER / תפלת הדרך

When setting out on a journey one recites this prayer once he leaves the city limits.

יְהִי רָצוֹן מִלְּפָנֶיךָ, יהוה אֱלֹהֵינוּ וֵאלֹהֵי אֲבוֹתֵינוּ, שֶׁתּוֹלִיכֵנוּ לְשָׁלוֹם, וְתַצְעִידֵנוּ לְשָׁלוֹם, וְתַדְרִיכֵנוּ לְשָׁלוֹם. וְתַגִּיעֵנוּ לִמְחוֹז חֶפְצֵנוּ לְחַיִּים וּלְשִׂמְחָה וּלְשָׁלוֹם,

יְהִי *May it be Your will,* Hashem, *our God and the God of our forefathers, that You lead us toward peace, emplace our footsteps toward peace, guide us toward peace, and make us reach our desired destination for life, gladness, and peace,*

one who is planning to return on the same day adds:

וְתַחֲזִירֵנוּ לְבֵיתֵנוּ לְשָׁלוֹם,

and return us to our homes in peace.

וְתַצִּילֵנוּ מִכַּף כָּל אוֹיֵב וְאוֹרֵב וְלִסְטִים וְחַיּוֹת רָעוֹת בַּדֶּרֶךְ, וּמִכָּל מִינֵי פֻּרְעָנֻיּוֹת הַמִּתְרַגְּשׁוֹת לָבוֹא לָעוֹלָם, וְתִשְׁלַח בְּרָכָה בְּכָל מַעֲשֵׂה יָדֵינוּ, וְתִתְּנֵנוּ לְחֵן וּלְחֶסֶד וּלְרַחֲמִים בְּעֵינֶיךָ וּבְעֵינֵי כָל רוֹאֵינוּ, וְתִשְׁמַע קוֹל תַּחֲנוּנֵינוּ, כִּי אֵל שׁוֹמֵעַ תְּפִלָּה וְתַחֲנוּן אָתָּה. בָּרוּךְ אַתָּה יהוה, שׁוֹמֵעַ תְּפִלָּה.

May You rescue us from the hand of every foe, ambush, (bandits, and evil animals) along the way, and from all manner of punishments that assemble to come to earth. May You send blessing in our (every) handiwork, and grant us grace, kindness, and mercy in Your eyes and in the eyes of all who see us. May You hear the sound of our supplication, because You are God Who hears prayer and supplication. Blessed are You, Hashem, *Who hears prayer.*

The following verses are recited three times each:

וְיַעֲקֹב הָלַךְ לְדַרְכּוֹ, וַיִּפְגְּעוּ בוֹ מַלְאֲכֵי אֱלֹהִים. וַיֹּאמֶר יַעֲקֹב כַּאֲשֶׁר רָאָם, מַחֲנֵה אֱלֹהִים זֶה, וַיִּקְרָא שֵׁם הַמָּקוֹם הַהוּא מַחֲנָיִם.[1]

Jacob went on his way and angels of God encountered him. Jacob said when he saw them, 'This is a Godly camp.' So he named the place Machanayim.[1]

לִישׁוּעָתְךָ קִוִּיתִי יהוה.[2] (קִוִּיתִי יהוה לִישׁוּעָתְךָ. יהוה לִישׁוּעָתְךָ קִוִּיתִי.)

For Your salvation I do long, Hashem.[2] *I do long,* Hashem, *for Your salvation.* Hashem, *for Your salvation I do long.*

הִנֵּה אָנֹכִי שֹׁלֵחַ מַלְאָךְ לְפָנֶיךָ לִשְׁמָרְךָ בַּדָּרֶךְ, וְלַהֲבִיאֲךָ אֶל הַמָּקוֹם אֲשֶׁר הֲכִנֹתִי.[3]

Behold I send an angel before you to protect you on the way and to bring you to the place that I have prepared.[3]

יהוה עֹז לְעַמּוֹ יִתֵּן, יהוה יְבָרֵךְ אֶת עַמּוֹ בַשָּׁלוֹם.[4]

Hashem *will give might to His nation,* Hashem *will bless His nation with peace.*[4]

(1) *Genesis* 32:2-3. (2) 49:18. (3) *Exodus* 23:20. (4) *Psalms* 29:11.

ArtScroll® Halachah Series

Published by

ARTSCROLL®

Mesorah Publications, ltd

4401 Second Avenue / Brooklyn, NY 11232

718/921-9000 · www.artscroll.com

ISBN-10 1-4226-1751-3

ISBN-13 978-1-4226-1751-9

90000

9 781422 617519